DE L'INFLUENCE

DES

LOIS DE PROCÉDURE CIVILE

SUR LE

CRÉDIT FONCIER.

PAR

J. PIOGEY,

AVOCAT PRÈS LA COUR IMPÉRIALE DE PARIS.

> Le droit ne consiste pas dans certaines
> formules convenues, dans des traditions
> acceptées de confiance, il prend sa base dans
> la philosophie, son développement dans le
> développement social, son esprit dans l'esprit
> des institutions et des mœurs.
> (TROPLONG.)

SECONDE PARTIE.

PARIS,

GUILLAUMIN ET Cⁱᵉ, LIBRAIRES-ÉDITEURS,

14, RUE RICHELIEU. 

1854

DE L'INFLUENCE

DES

LOIS DE PROCÉDURE CIVILE

SUR

LE CRÉDIT FONCIER.

PARIS. — IMPRIMERIE FÉLIX MALTESTE ET Cⁱᵉ,
Rue des Deux-Portes-St-Sauveur, 22.

DE L'INFLUENCE

DES

LOIS DE PROCÉDURE CIVILE

SUR LE

CRÉDIT FONCIER.

PAR

J. PIOGEY,

AVOCAT PRÈS LA COUR IMPÉRIALE DE PARIS.

> Le droit ne consiste pas dans certaines formules convenues, dans des traditions acceptées de confiance ; il prend sa base dans la philosophie, son développement dans le développement social, son esprit dans l'esprit des institutions et des mœurs.
>
> (TROPLONG.)

SECONDE PARTIE.

PARIS,

GUILLAUMIN ET Cⁱᵉ, LIBRAIRES-ÉDITEURS,

14, RUE RICHELIEU.

1854

DE L'INFLUENCE

DES

LOIS DE PROCÉDURE CIVILE

SUR

LE CRÉDIT FONCIER.

SECONDE PARTIE.

CHAPITRE I.

VENTES D'IMMEUBLES APPARTENANT A DES MINEURS OU A DES INTERDITS, DÉPENDANT DE SUCCESSIONS BÉNÉFICIAIRES OU VACANTES. — LICITATIONS. — PARTAGES.

Les ventes d'immeubles appartenant à des mineurs ou à des interdits, dépendant de successions bénéficiaires ou vacantes, les licitations, les partages, méritent une attention sérieuse; des intérêts nombreux y sont engagés. Il faut que la protection dont la justice entoure l'incapable ne lui devienne pas onéreuse à l'excès, et que l'agriculture n'ait pas à souffrir de divisions et subdivisions poussées à l'infini, conséquences de mauvais lotissemens.

Pour apprécier la loi sous le premier point de vue, on doit considérer le nombre des ventes, leur classement d'après leur valeur et les frais. Les comptes-rendus de l'administration de la justice ne renferment, à ce sujet, aucun document antérieur à 1841 ; avant cette époque, il n'est fait aucune mention des ventes judiciaires d'immeubles, comme si aucune des questions qui s'y rattachent, n'avaient de gravité. Leur importance mieux comprise devait les préserver d'un pareil oubli. Les renseignemens recueillis de 1841 à 1852 établissent une progression croissante, chaque année, dans le nombre des ventes judiciaires ; en 1848 seulement, il y a eu une diminution, due aux événemens politiques d'alors, mais cette diminution se trouve compensée par l'augmentation énorme qui s'est produite en 1850.

ANNÉES.	NATURE ET NOMBRE DES VENTES.				NOMBRE des expertises.
	Licitation entre majeurs et mineurs.	Biens de mineurs ou d'interdits.	Biens dépendant de successions bénéficiaires.	Biens dépendant de successions vacantes.	
1841.....	3,052	1,070	555	131	2,197
1842.....	5,189	1,301	666	192	762
1843.....	5,276	1,329	663	209	542
1844.....	5,662	1,551	703	218	455
1845.....	5,916	1,528	681	219	392
1846.....	6,023	1,485	679	234	374
1847.....	6,193	1,571	719	193	299
1848.....	4,245	1,216	604	169	180
1849.....	5,798	1,680	858	261	235
1850.....	7,293	2,155	1,021	325	233
1851.....	6,861	1,953	920	284	181
1852.....	6,843	1,759	1,001	307	180

Le classement des ventes judiciaires, d'après leur importance, donne les résultas suivants pour celles qui ne sont pas d'une valeur supérieure à 10,000 fr. :

IMPORTANCE des VENTES.	NOMBRE DES VENTES (1).					
	1846.	1847.	1848.	1849.	1850.	1851.
500 fr. et au-dessous..........	1,183	1,354	1,429	1,527	1,980	1,855
501 à 1,000 fr...............	1,374	1,491	1,399	1,967	2,335	2,226
1,001 à 2,000 fr.............	2,563	2,805	2,495	3,395	4,181	3,890
2,001 à 5,000 fr.............	4,425	4,796	4,059	5,957	6,706	6,045
5,001 à 10,000 fr............	2,966	3,155	2,614	3,977	4,331	3,765

Si l'on rapproche ce tableau de celui qui contient le nombre des ventes judiciaires, par année (page 61), on constate avec certitude que l'augmentation progressive porte uniquement sur les ventes de minime valeur ; or, pour ces ventes, les frais varient de 450 à 700 fr., s'il s'agit de biens de mineurs ou d'interdits, et de 900 à 1,000 fr., s'il s'agit de licitations entre majeurs et mineurs. Sontce là des conséquences dérivant de la nature même des choses, comme on se plaît à le répéter sans cesse, et auxquelles il soit impossible d'apporter la

(1) Voir le tableau, page 42, pour les années antérieures à 1846.

moindre amélioration? Ne peut-on pas, au contraire, arriver à un mode de procéder plus rationnel, moins formaliste et tout aussi protecteur?

§ I.

VENTES D'IMMEUBLES APPARTENANT A DES MINEURS OU A DES INTERDITS, DÉPENDANT DE SUCCESSIONS BÉNÉFICIAIRES OU VACANTES.

Pénétrés de l'importance des formalités judiciaires, dans le concours qu'elles prêtent à l'accomplissement des principes de droit civil, les rédacteurs du Code Napoléon tracèrent, dans les articles 457, 458, 459, 460 et 839, les formalités relatives à la vente des biens immeubles des incapables; mais trois ans plus tard (1806), les rédacteurs du Code de procédure, cédant à l'empire d'anciens usages, compliquèrent ces formalités, introduisirent l'expertise obligatoire dans tous les cas, la signification du cahier des charges, l'adjudication préparatoire, etc., en un mot, toute une série de frais inutiles, que la loi du 2 juin 1841 n'a supprimés qu'en partie.

La commission de 1850 a proposé le mode de procéder suivant, pour la vente des propriétés appartenant à des mineurs ou à des interdits, et dont le principal de la contribution foncière n'excéderait pas vingt francs : « Le subrogé-tuteur, et, s'il s'agit d'un mineur émancipé, le curateur, feront partie du conseil de famille, et y auront voix délibérative. Si, sur la proposition du tuteur ou du mineur émancipé, ce conseil, à l'unanimité, reconnaît la nécessité absolue ou l'avantage évident qui doivent, conformément à l'art. 457 du Code civil, déterminer la vente, et est d'avis de suivre le mode de vente réglé par le présent article, le président du tribunal, sur simple requête, mise au bas de l'expédition de la délibération du conseil de famille et communiquée au ministère public, désignera un notaire, dans l'étude duquel il sera procédé à l'adjudication. Ce magistrat réglera le mode de publicité de la vente. Il pourra ordonner que les affiches qui doivent être apposées dans les lieux déterminés par l'art. 959, le soient sans ministère d'huissier, par les soins et sous la responsabilité du notaire. L'ordonnance du président sera portée à la suite de l'expédition et de la requête. Cette pièce sera remise au notaire désigné et annexée à la minute du cahier des charges. » Le conseil de famille serait juge souverain de l'opportunité de l'aliénation, et la vente aurait lieu sur la mise à prix qu'il fixerait; ainsi disparaîtraient les droits de fixation de mise a prix, d'obtention de jugement et d'expédition qui s'élèvent à 120 fr. au minimum. Mais la délibération ne serait dispensée de l'homologation du tribunal que sous la condition d'être prise à l'unanimité; si le conseil n'était pas unanime, n'y eût-il qu'un seul membre dissident, alors il faudrait suivre la voie ordinaire (art. 954 et suivans du Code de procédure). Cette mesure n'aurait donc qu'une application partielle, et comme la commission n'a proposé aucune amélioration dans les dispositions actuellement en vigueur, les bienfaits de la réforme resteraient renfermés dans d'étroites limites.

La loi de 1841 en rendant l'expertise facultative d'obligatoire qu'elle était, et en autorisant les tribunaux à fixer eux-mêmes la mise à prix sans expertise, n'a pas diminué le chiffre des frais : « Les ventes, dit M. le Garde des sceaux (1), en sont faites avec plus de célérité, mais il en résulte peu d'économie pour les parties, qui paient aux officiers ministériels, en accroissement de remise proportionnelle (article 11 du tarif du 10 octobre 1841), à peu près ce que coûtaient les expertises. » Il faut joindre à cet émolument, celui de 25 fr. alloué à l'avoué pour la fixation de la mise à prix. On peut retrancher ces deux droits, dont l'existence n'est justifiée par aucun travail. Le juge commis pour faire le rapport sur l'homologation, ne puise-t-il pas dans l'avis de parens, les titres de propriété, les baux et l'extrait de la matrice du rôle de la contribution foncière, les renseignemens nécessaires pour mettre le tribunal à même de déterminer la mise à prix? Ces documens suffisent

(1) Compte général de l'administration de la justice civile en France pendant l'année 1850.

aux tribunaux pour l'évaluation du prix des immeubles, car il n'est pas nécessaire d'atteindre la valeur exacte comme s'il s'agissait d'un partage en nature; la chaleur des enchères assure de la valeur vénale.

Depuis 1841, le nombre des expertises a toujours diminué (voir le tableau, page 170); cette diminution est d'autant plus remarquable que le nombre des ventes judiciaires a toujours progressé. Il y a eu, en 1841, une expertise sur quatre ventes; en 1850, une sur cent huit; et en 1851, une sur cent vingt-quatre. Depuis longtemps, les tribunaux n'ordonnent plus d'expertise préalablement à la fixation de la mise à prix des biens de mineurs ou d'interdits; et même en cas d'indivision, alors que l'une des parties réclame le partage en nature, ils n'ont que très rarement besoin d'avoir recours à cette mesure pour apprécier les faits et juger si cette prétention est oui ou non fondée; c'est pourquoi les deux derniers paragraphes de l'art. 955 du Code de procédure pourraient être retranchés.

La formalité de l'homologation est très coûteuse. L'expédition de la délibération reste déposée au greffe pour être de nouveau expédiée avec le jugement; ce dépôt au greffe, cette double expédition ne sont d'aucune utilité, et l'on pourrait même éviter les frais de l'expédition du jugement d'homologation. A cette fin, l'avoué du tuteur demanderait l'homologation par simple requête, mise au bas de l'expédition de la délibération du conseil de famille. Le président, par ordonnance mise à la suite, ordonnerait la communication au ministère public, et commettrait un juge pour faire le rapport. Le procureur impérial donnerait ses conclusions au bas de l'ordonnance, le juge ferait son rapport en la chambre du conseil, et le tribunal, homologuant l'avis de parens, désignerait un notaire dans l'étude duquel il serait procédé à l'adjudication, déterminerait la mise à prix de chacun des immeubles, et les conditions de la vente. La minute du jugement d'homologation serait insérée à la suite des conclusions du ministère public, puis remise au notaire et annexée au cahier des charges ; la conservation en serait assurée par ce moyen.

Réduite à ces termes, la formalité de l'homologation ne coûterait pas 25 fr., et la modicité des frais permettrait de la maintenir pour toute vente. Plus la fortune de l'incapable est modique, plus il importe qu'elle ne soit pas compromise ; aussi pour lui venir réellement en aide, ce n'est pas le nombre des garanties qu'il faut diminuer, c'est la simplicité qu'il faut introduire dans les actes qui constituent ces garanties.

Les art. 959 et 960 relatifs à la publicité à donner à la vente, par les annonces et les affiches renvoient aux dispositions des articles 696 et 699, sur les ventes sur l'expropriation forcée. En trai·

tant cette matière, nous avons signalé combien ce mode de publicité était vicieux pour les petites propriétés, et nous en avons indiqué un beaucoup moins coûteux, plus efficace, et qui pourrait être suivi pour les ventes des biens de mineurs et d'interdits. De même que nous avons proposé de supprimer l'apposition d'affiches à la porte du domicile du saisi et à la porte de la mairie de la commune où existe ce domicile, de même nous proposons de supprimer l'apposition d'affiches à la porte du domicile du tuteur et à la porte de la mairie de la commune où existe ce domicile, bien que la commission de 1850 ait maintenu cette apposition. Les raisons qui militent pour ce retranchement, sont les mêmes dans l'un et l'autre cas. L'apposition ayant lieu pour faire connaître au public la mise en vente, c'est dans le lieu où sont situés les biens et non dans celui où demeure le tuteur, qu'il faut annoncer l'adjudication. Il peut arriver que le tuteur ait son domicile dans un arrondissement ou dans un département différent, de là résultent des procès-verbaux multiples.

Les observations qui précèdent, s'appliquent également aux ventes de biens dépendant de successions bénéficiaires ou vacantes.

Il nous reste à faire apprécier les avantages qui résulteraient de la mise en application de ces réformes. Pour arriver à ce but, il suffit de présenter la différence dans le chiffre des frais : aujourd'hui, les frais varient de 450 fr. à 700 fr., désormais ils resteraient dans les limites de 170 à 300 fr., avantages immenses pour les petites propriétés.

§ II. LICITATION. — § III. PARTAGE.

De tous les principes de droit civil, il n'en est point qui soit formulé avec plus de précision et de netteté que celui-ci : « Nul n'est tenu de rester dans l'indivision. » (Art. 815 du Code Napoléon). La forme impérative dans laquelle cet article est rédigé, enlève toute incertitude et semble ne pas laisser la moindre prise à l'esprit de contestation ; et cependant, chaque année, il sert de prétexte à des procédures nombreuses, dont les frais sont le plus souvent hors de proportion avec la valeur des biens qu'elles concernent.

NATURE DES DEMANDES.		NOMBRE DES DEMANDES en				
		1846.	1847.	1848.	1849.	1850.
Demande en licitation..........		4,027	3,991	3,086	3,859	3,962
— en partage de {	majeurs seulement	3,702	4,044	3,631	3,657	3,974
— succession { entre	mineurs ou mineurs et majeurs.	4,781	5,122	4,112	4,795	5,338
TOTAUX........		12,510	13,157	10,829	12,311	13,274

§ II.

Les demandes en licitation sont introduites par voie d'assignation; autant de co-licitans, autant d'avoués pour les représenter. La multiplicité des rôles multiplie les requêtes, les significations, etc., écritures complètement inutiles, puisque la défense n'offre rien de sérieux, le tribunal étant obligé d'ordonner la licitation en présence des termes formels de l'art. 815. La vente a lieu, et aux frais déjà faits, viennent s'ajouter ceux de poursuite, qui se grossissent en moyenne d'une somme de 83 fr. par chaque avoué co-licitant ; quand on arrive à partager en argent ce qu'on n'a pu partager en nature, une grande partie de la valeur des immeubles est absorbée par les frais.

Le Code de procédure français a subi, sous ce rapport, une modification très importante dans le royaume des Pays-Bas, par la loi du 12 juin 1816 : « Art. 2 § 1. Les tuteurs qui jugeront l'aliénation d'immeubles appartenant en tout ou en partie à des mineurs ou à des interdits, nécessaire pour les intérêts d'iceux, seront tenus de demander au conseil de famille, composé de la manière prescrite par les lois, l'autorisation de procéder à la vente publique desdits immeubles. — § 2. L'autorisation accordée par le conseil de famille sera présentée, par requête , à l'homologation du tribunal de première instance, pour y statuer, l'officier du roi entendu ; si le tribunal accorde l'homologation, il désignera, en même temps, un notaire par le ministère duquel la vente publique aura lieu. — § 3. Lorsque les immeubles appartiennent en commun à des majeurs et à des mineurs, ou à ceux qui leur sont assimilés, et que les majeurs désirent procéder à la vente publique, ils pourront, sans autorisation préalable du conseil de famille, s'adresser, par requête, au tribunal de première instance, à l'effet d'être autorisés à la vente. Le tribunal, après avoir entendu les tuteurs des intéressés mineurs ou interdits, ainsi que les conclusions de l'officier, prononcera sur la demande des requérans, et dans le cas où la requête sera octroyée, il désignera, en même temps, le notaire par le ministère duquel la vente publique aura lieu. » Cet article fait disparaître la multiplicité des écritures ; tout se réduit à la présentation d'une requête, qui a lieu par l'intermédiaire d'un seul officier ministériel. Le tribunal, pour déterminer le mode de vente le plus avantageux et la mise à prix, entend les parties en personne dans la chambre du conseil, puis le juge commis rassemble les titres et documens produits et fait son rapport. Ce mode d'instruction simple dans sa forme, sauvegarde tous les droits, et la vente a lieu par l'intermédiaire d'un seul officier ministériel. En France, au contraire, dans une vente, chaque co-licitant est représenté par un avoué, comme s'ils n'avaient pas tous le même intérêt et ne pouvaient être représentés par l'avoué poursuivant. De tous les actes d'une poursuite de vente, le cahier des charges est le seul qui puisse donner ouverture à une opposition d'intérêt ; or, ces cas sont très rares, puisque sur 24,903 ventes judiciaires effectuées en 1850, il n'y a eu que 188 demandes en modification des cahiers des charges, demandes formées, le plus souvent, par des créanciers intervernans.

La commission de 1850 paraît s'être inspirée de cette loi du 12 juin 1816, en faisant cette proposition : « Dans les cas prévus par les articles 457 et 827 du Code civil, si les immeubles sont indivis, soit entre mineurs, soit entre majeurs et mineurs, les parties, au lieu de poursuivre la licitation pourront, lorsqu'elles seront d'accord à cet effet, faire procéder à la vente, dans la forme réglée par le présent article. La délibération du conseil de famille énoncera les motifs qui doivent déterminer la vente et ceux qui rendent préférable le mode de poursuite dont il s'agit. L'homologation sera demandée au nom de tous les co-propriétaires, et par le ministère d'un seul avoué. La vente, lorsqu'elle se fera devant le tribunal, sera pareillement poursuivie par un seul avoué. S'il s'agit d'immeubles dont la contribution foncière, en principal, n'excède pas vingt francs, la vente pourra être faite dans la forme déterminée par l'article précédent (1). » Mais l'œu-

(1) Voir page 173.

vre de la commission est restée inférieure au mo-
dèle. Pourquoi exiger la délibération du conseil de
famille sans distinguer si l'initiative de la demande
part d'un majeur ou d'un mineur représenté par
son tuteur, et revenir ainsi sur la disposition du
deuxième paragraphe de l'art. 953 du Code de procédure introduit dans un but d'économie? Pourquoi
imposer pour condition que la requête soit présentée
au nom de toutes les parties, comme si il ne leur
serait pas le plus souvent impossible de s'entendre
sur le choix d'un avoué, chacune d'elles voulant
imposer le sien? Si une seule partie, pour cette
cause, ou pour une autre, n'intervenait pas dans la
requête, il faudrait avoir recours à la voix ordinaire
par assignation.

Le mode de procéder suivi depuis trente-huit ans
dans le royaume des Pays-Bas, nous semble préférable; pour en généraliser l'application, il suffirait
d'ordonner que toute demande en licitation fût formée par requête, présentée à la chambre du conseil,
par l'avoué de la partie la plus diligente, qui ferait
citer les autres à comparaître à cette chambre, à
jour indiqué par le président du tribunal. Cette
amélioration, jointe à celle proposée pour la publicité des ventes de minime valeur, permettrait de
réduire à 500 fr. en moyenne les frais, qui aujour-
d'hui s'élèvent de 900 à 1,400 fr. pour les ventes
d'immeubles d'une valeur inférieure à 10,000 fr.

§ III.

La matière des partages est la mise en œuvre de la loi des successions, elle réclame à ce titre la plus grande sollicitude. Lorsqu'une succession s'ouvre, il y a complication d'intérêts, et la juste mesure des droits de chacun des co-héritiers ne peut être établie qu'à l'aide du dépouillement de pièces nombreuses, de conférences avec les parties, et d'une série de comptes, de calculs, de combinaisons. L'hérédité comprend-elle des biens immobiliers, il faut souvent procéder à une vente pour substituter des valeurs liquides à des valeurs impartageables. Si les héritiers sont majeurs, présens, capables de l'exercice de leurs droits civils, et s'accordent, ils procèdent comme bon leur semble; mais s'ils ne tombent pas d'accord, si parmi eux se trouvent des incapables, circonstance qui se produit fréquemment, l'intervention de la justice devient nécessaire. Le tribunal commet un notaire qui dresse l'acte de liquidation, lequel est ensuite soumis à l'approbation des juges. Pour arriver à cette nomination, formalité bien simple, on dépense en frais des sommes importantes : la demande est introduite par assignation, autant de co-héritiers, autant d'avoués pour les représenter, qui tous signifient des écritures pour déclarer *qu'ils s'en rapportent à la sagesse du tribunal sur la nomination du notaire;* ces écritures absorbent en moyenne 300 fr.

Cette demande devait être formée par requête, présentée à la chambre du conseil par l'avoué du co-héritier le plus diligent, les autres co-héritiers comparaîtraient en personne, à cette chambre, sur sommation. Le tribunal, après avoir entendu les parties, commettrait un notaire et en même temps un juge pour faire le rapport, lorsque l'acte de liquidation serait soumis à la sanction de l'autorité judiciaire; de cette manière on ne dépenserait pas plus de 70 fr. pour faire ordonner la liquidation et faire commettre un notaire, quel que soit le nombre des parties en cause, et les frais d'homologation seraient notablement diminués. Le notaire est le délégué du tribunal et détermine en cette qualité les droits de chacun des co-héritiers. Tant qu'il n'a pas assigné à chacun sa part héréditaire, en vertu du mandat judiciaire qui lui a été conféré, l'existence d'une contestation ne peut pas même être soupçonnée; la multiplicité des intermédiaires légaux n'a donc pas de raison d'être. Ce n'est qu'au moment où une partie prétend que ses droits ont été méconnus par le notaire, qu'alors l'opposition d'intérêt rend légitime l'intervention d'un avoué chargé de représenter la partie contestante. Afin de n'apporter aucun retard dans l'instruction et le jugement des contestations, tout contredit devrait contenir constitution d'avoué.

Appliquée à la liquidation des successions desquelles dépendent des valeurs immobilières, cette innovation produirait des avantages bien plus grands encore. La succession comprend-elle des immeubles? les préliminaires consistent non seulement à commettre un notaire, mais encore à déterminer si les immeubles seront partagés en nature, ou s'ils seront vendus. De deux choses l'une : ou les co-héritiers seront du même avis que celui au nom duquel la requête aura été présentée, alors on demandera, à l'unanimité, soit le partage en nature, soit la vente, et il n'y aura en cause qu'un seul avoué; ou bien les uns seront de l'avis du co-héritier poursuivant et demanderont la vente, les autres seront d'un avis contraire et demanderont le partage en nature, mais quoi qu'il arrive, il ne pourra toujours y avoir en présence que deux idées qui, pour être sérieusement défendues, n'exigeront chacune qu'un représentant légal. L'un sera l'avoué rédacteur de la requête, l'autre sera choisi par les parties dissidentes, et à défaut d'entente entre elles, il sera désigné par le président par ordonnance rendue, sans frais, à la suite de la requête.

Aux termes des articles 834 du Code Napoléon et 982 du Code de procédure, il doit être procédé au tirage au sort des lots formés en matière de partage; les tribunaux ne peuvent déroger à cette règle que dans un seul cas, celui où toutes les parties étant majeures et capables de l'exercice de leurs droits civils, elles consentent à un partage par attribution. Mais toutes les fois que parmi les co-partageans il se trouve des mineurs, des inter-dits, le principe du tirage au sort doit recevoir son application. Il en résulte de graves inconvéniens qui furent signalés par M. Maurat-Ballange, à la séance de la Chambre des députés du 18 janvier 1841, lors de la discussion de la loi sur les ventes judiciaires d'immeubles (1) : « Suivant les dispositions des articles 831 et 836 du Code civil, toutes les fois que plusieurs souches sont intéres-sées dans le partage, il faut commencer par divi-ser la masse à partager en autant de parts qu'il y a de souches co-partageantes, et faire tirer au sort ces différentes parts. Il faut ensuite diviser cha-cune de ces parts en autant de lots qu'il y a de par-ties intéressées dans chaque branche, opérations qui sont très longues et très dispendieuses. Mais l'inconvénient est bien plus grave encore, lorsque les droits des co-partageans sont inégaux... Du prin-cipe absolu du tirage au sort naissent des divisions sans fin, des délais et des frais considérables ; des morcellemens qui nuisent à l'agriculture. » L'ho-norable député proposa l'amendement suivant à l'article 982 : « Si les droits des co-partageans sont inégaux, le tribunal pourra, après avoir pris l'avis

(1) Voir le *Moniteur* du 19 janvier 1841.

du conseil de famille, s'il y a parmi eux des mineurs ou des interdits, ordonner par voie d'attribution le prélèvement des lots inégaux ; mais il
fera tirer au sort tous les lots qui en seront susceptibles. » Cet amendement, dont personne ne
contesta l'importance et la nécessité, ne fut pas
pris en considération par la Chambre, sur l'observation faite par M. le Garde des Sceaux, qu'il ap-
portait une modification aux dispositions du Code
civil et qu'on ne pouvait, dans une loi de procédure, toucher aux principes du Code. Il est à désirer que cette proposition ne tarde pas davantage
à venir prendre place dans un article soit du Code
Napoléon, soit du Code de procédure.

CHAPITRE II.

DE LA PROCÉDURE D'ORDRE.

ANALYSE ET EXAMEN CRITIQUE

1º Des Coutumes et des Usages avant 1789,
première époque;

2º Des Lois du 9 messidor an III, et du 11 brumaire an VII,
deuxième époque;

3º Du Code de procédure, part. 1, liv. V, t. xiv,
troisième époque.

La vente de l'immeuble étant opérée, et le purgement des hypothèques effectué, il s'agit pour l'acquéreur de délivrer le prix aux ayants-droit; pour arriver à ce but, de nouvelles formalités doivent être remplies. Le concours de plusieurs créanciers et les préférences réclamées par eux, en vertu de leurs priviléges ou hypothèques, rendent nécessaire un mode de procéder pour régler le rang et la part de chacun d'eux dans la distribution du prix. C'est cette opération que l'on nomme *Ordre.* Si l'on considère combien l'application en est fréquente, combien les intérêts engagés sont nombreux, on n'hésite pas à la considérer comme une question qui doit être l'objet des préoccupations d'un gouvernement désireux de vivifier le crédit foncier. Indépendamment des ordres amiables, il y a eu :

ANNÉES.	NOMBRE DES ORDRES JUDICIAIRES terminés.	MONTANT des SOMMES à distribuer.
1842................	4,820	63,649,452
1843................	5,465	68,220,260
1844................	5,819	77,172,597
1845................	5,961	79,832,962
1846................	6,190	70,282,383
1847................	6,502	79,979,710
1848................	6,020	75,551,945
1849................	6,574	78,600,141
1850................	8,678	118,627,581
1851................	9,503	128,152,757
1852................	9,596	120,607,369

L'étude du droit ancien fournit beaucoup de documens sur la matière des ordres; on y remarque une grande diversité et une grande complication dans les formes. Aucun édit n'avait réglementé la distribution des prix d'immeubles. Les usages tenaient lieu de loi, et il y avait presqu'autant d'usages que de juridictions; c'est dire combien ils étaient nombreux. Ici, l'ordre ne se faisait qu'après la consignation du prix ; là, il suffisait , pour procéder à l'ordre, que le bien fût adjugé; ailleurs, on faisait l'ordre avant l'adjudication. Ce dernier usage présentait un grand inconvénient, les créanciers pouvant former opposition jusqu'à ce que le décret fût délivré , il fallait faire un nouvel ordre , ou réformer le premier quand il survenait de nouvelles oppositions entre l'ordre et la délivrance du décret ; il en résultait des frais très onéreux pour les créanciers et pour les débiteurs, c'est pourquoi le parlement de Paris avait fait défense aux juges de son ressort, de procéder à l'ordre avant l'adjudication.

Il y avait diversité non seulement quant à l'époque de la distribution , mais encore sur le caractère des actes qui constataient cette distribution : dans telle juridiction, la distribution était l'œuvre d'un seul juge , elle se faisait sous la forme d'un procès-verbal ; dans telle autre, au contraire , elle était l'œuvre du tribunal et se faisait sous la forme d'un jugement.

On avait établi, d'abord, au Châtelet de Paris , ensuite dans différens bailliages, sénéchaussées et autres justices royales, des *enquêteurs-examinateurs,* pour faire les enquêtes et auditions de témoins, et depuis on leur avait attribué d'autres fonctions de juridiction volontaire, telle que la distribution des prix d'immeubles. « Les commissaires enquêteurs-

examinateurs (1) font les ordres et distributions de
deniers et ceux de priorité ou de postériorité d'hypothèques. Lorsqu'il intervient quelque contestation sur ces ordres et distributions, les commissaires doivent renvoyer les parties en justice pour
les faire régler. »

Cette substitution d'un juge au tribunal, pour
les opérations de l'ordre, était une idée heureuse,
qui présentait le double avantage de diminuer les
frais et de rendre au fait de la distribution d'un
prix d'immeuble son véritable caractère, en le dé-
gageant du préjugé qui le transformait en une instance, même en l'absence de toute contestation.
Mais la royauté, aux abois, trafiqua des fonctions
de commissaires pour rétablir ses finances, comme
elle trafiqua de toutes les fonctions de judicature ;
il fallut, en échange, concéder *épices et vacations* qui
multiplièrent les frais, déplorables résultats que
L'Hôpital appréciait avec une hauteur de vue remarquable. « *On a tant et tant de fois pratiqué ceste
recepte, que le nombre des officiers, lequel, avant ceste
misérable vénalité, estait tolérable, est énorme et insup-
portable, parce que l'ambition et l'avarice de plusieurs
veoyant la porte ouverte, par argent, aux plus grandes
charges et dignitez de judicature, n'ont rien espargné
pour y parvenir, et y estant entrez par ceste maudicte*

____

(1) Jousse. — *Traité des fonctions, droits et priviléges des
commissaires-enquêteurs-examinateurs.*

porte, *Dieu sçait ce qu'ilz ont faict et feront tous les jours pour se rembourser, estimant qu'il n'en fault non plus faire de conscience que l'on en a faict de prendre leur argent pour les offices de la justice, dont le commerce est, il y a trop longtemps, ouvert en France; de sorte, qu'au lieu de faire provision de vertu, de sçavoir, d'intégrité, bonne resputation, capacité, et d'aultres louables qualitez, on s'est depuis estudié de toutes parts à faire amas d'or et d'argent à tort ou à droict. »*

Les formalités variaient selon que la distribution était faite par un commissaire ou par un tribunal.

Dans le premier cas, le commissaire était nommé par le décret. Le poursuivant prenait, de lui, une ordonnance à l'effet de sommer les opposans de produire les titres de leurs créances, il faisait sceller cette ordonnance et la remettait à l'huissier, avec l'extrait des noms des opposans, délivré par le greffier des décrets, l'huissier signifiait l'ordonnance aux opposans, au domicile par eux élu, et les sommait « de remettre (1) leurs titres dans la huitaine, après laquelle, s'ils n'avaient pas encore satisfait, le *poursuivant criées* prenait une ordonnance du commissaire, portant défaut, qui leur était signifiée pour satisfaire dans une autre huitaine : car la coutume donnait ces deux délais, après lesquels le commissaire procédait à l'ordre des opposans qui avaient produit leurs titres, sans

____

(1) Duplessis. — *Sur la coutume de Paris.*

avoir égard aux hypothèques ni aux oppositions des défaillans. En outre, le poursuivant faisait assigner le saisi et les opposans pardevant le commissaire, dans une autre huitaine, pour en prendre communication et y contester, et après qu'ils avaient été ouïs, s'il n'y avait point de contestation, on arrêtait l'ordre, dont le commissaire dressait et délivrait son procès-verbal, sur lequel les créanciers étaient payés aux consignations. » Dans certaines juridictions, quand des opposans n'avaient pas pris communication de l'ordre, le commissaire donnait défaut contre eux et renvoyait à l'audience. Le poursuivant requérait, tant contre eux que contre les autres créanciers, l'exécution de l'ordre, et les juges rendaient, sur cette requête, une sentence conforme aux conclusions. « Mais, s'il y a contestation, poursuit Duplessis, soit de la part des créanciers, pour la préférence, soit de la part du saisi qui soutient ne pas devoir, le commissaire qui n'est juge que de la date, n'en peut connaître ; il faut qu'il renvoie la contestation devant les juges du Châtelet. »

Dans le second cas, quand le décret était délivré, le procureur du poursuivant levait au greffe un extrait du nom des opposans et de celui de leurs procureurs ; *puis il prenait un appointement en droit à écrire et produire sur l'ordre.* Huitaine après la signification de l'appointement sur l'ordre, tant au procureur de la partie saisie, qu'à ceux des opposans, le poursuivant devait fournir les causes et moyens d'opposition de sa partie, et produire les titres et pièces justificatives de son opposition; ensuite, il faisait sommer les procureurs de la partie saisie et des opposans de produire dans la huitaine, et par un second acte les sommait de contredire. Le plus ancien des procureurs des opposans, qui était regardé dans cette procédure comme le syndic de tous les opposans, prenait communication de l'instance, et fournissait des contredits sur les productions des opposans. L'affaire était portée à l'audience, et alors intervenait un jugement qui établissait la distribution du prix entre les créanciers; le jugement était levé, signifié, et l'acquéreur se libérait.

Que de subtilités, de complications, de lenteurs dans ces formalités, qui étaient nées et s'étaient développées sous l'impulsion de l'intérêt personnel de ceux pour qui toute formalité nouvelle était la cause d'un émolument nouveau. Des réclamations vives s'élevèrent; mais la distribution des prix d'immeubles était une mine féconde en produits pour les praticiens. En vain l'opinion publique réclamait, les abus se maintenaient vivaces. Toute idée de réforme échouait devant la résistance qu'opposait le corps des procureurs. L'ordonnance de 1667 en offre une preuve bien convaincante; cette ordonnance, première tentative de codification et d'amélioration des lois de procédure, resta muette sur les règles à observer pour la distribution des prix d'immeubles.

Un des jurisconsultes les plus estimés du XVIIIᵉ siècle, d'Héricourt, résumait, en ces termes, les inconvéniens des usages suivis : « 1° Avant que toutes les contestations entre les opposans, qui sont souvent en grand nombre, soient instruites, il se passe beaucoup de temps, pendant lequel les créanciers sont privés de leur argent; 2° comme les frais de l'ordre se prennent sur les fonds consignés, les différens entre les opposans se jugent aux dépens des créanciers, qui n'ont aucun intérêt dans ces procès, parce que leurs collocations ne peuvent être raisonnablement contestées; 3° les épices et les vacations dans les cours souveraines multiplient extraordinairement les frais de ces procédures; 4° dès qu'un opposant est appointé sur son opposition, cet appointement lui donne lieu de faire des écritures, et souvent le poursuivant, ou le procureur le plus ancien des opposans, convaincu du bon droit d'un opposant, ne laisse point de proposer des difficultés imaginaires contre la collocation demandée, et fait signifier de longues écritures, pour dire ensuite qu'il s'en rapporte à la cour (1).

La création d'un système de procédure plus simple, moins coûteux était demandée avec ins-

____

(1) D'HÉRICOURT. — *Traité de la vente des immeubles par décret.*

tance. L'Assemblée Constituante en fit espérer la réalisation, l'Assemblée Législative renouvela la promesse; mais toutes deux se bornèrent à l'émission d'un vœu. La Convention qui leur succéda tenta la réalisation de l'œuvre; elle eut la main malheureuse. Il n'était pas dans ses habitudes de procéder avec cette méditation calme sans laquelle on ne produit rien que d'incomplet et d'éphémère; elle tomba dans les exagérations de l'enthousiasme et dans les méprises de l'inexpérience. Pour réaliser le rêve qu'elle avait conçu, faire juger toutes les contestations sans procédure et sans frais, elle supprima les formalités judiciaires et les procureurs par la loi du 3 brumaire an II; c'était couper le nœud gordien et non le délier.

La procédure est la machine à l'aide de laquelle la loi est mise en action, les formalités en sont les rouages; supprimer les formalités, c'était rendre impossible l'action de la loi. Aussi qu'arriva-t-il? Le lendemain de cette loi par laquelle la Convention, séduite par une fausse idée de simplicité, faisait table rase du chaos des formalités sans rien édifier à la place, la vie sociale n'en poursuivait pas moins sa marche comme la veille, entraînant dans son mouvement des intérêts nombreux, qui, s'entrechoquant, réclamaient l'intervention de la justice. Alors il fallut régulariser cette intervention, la rendre praticable. On consulta en vain la loi du 3 brumaire an II, elle avait procédé par la négation de t out ce qui existait, sans y substituer un nouvel ordre de choses. A côté de la loi on vit reparaître toutes les formalités de l'ancienne procédure, et cet envahissement ne put être réprimé que par l'action réparatrice de lois complémentaires.

La Convention ne tarda pas à reconnaître que le plan qu'elle avait conçu était chimérique, qu'elle n'avait pu, dans les dix-sept articles de sa loi, embrasser toute l'étendue de la matière, et elle revint à des idées moins dénuées de connaissances pratiques. La loi du 9 messidor an III contient 110 articles relatifs aux formalités à observer pour les ventes d'immeubles sur expropriation forcée et la distribution des prix entre les créanciers, les 167 autres règlent le système hypothécaire. On connaît le sort de cette loi, malgré cinq prorogations successives, elle fut rapportée avant d'avoir été mise à exécution; elle présente un exemple de l'influence qu'exerce sur l'avenir des meilleures idées la forme sous laquelle on les présente pour les faire passer à l'état d'institution.

Indépendamment du principe de publicité qu'elle consacrait, elle introduisait une disposition entièrement nouvelle, la création des cédules hypothécaires, véritables billets à ordre, transmissibles par la voie de l'endossement, pouvant atteindre jusqu'aux trois quarts de la valeur de l'immeuble, et exécutoires au profit des tiers porteurs comme les créances hypothécaires ordinaires. Elle tendait à faciliter la circulation des obligations civiles, en même temps qu'elle cherchait à leur imprimer la solidité des titres hypothécaires, principe qui, cinquante-sept ans plus tard, devait jouer un si grand rôle dans l'organisation des sociétés de crédit foncier; mais elle n'arriva pas à établir la solidité des cédules, et elle tomba, entraînant dans sa chute les 49 articles relatifs à l'ordre.

Les formes indiquées par ces articles peuvent être l'objet d'observations intéressantes, bien que l'expérience n'ait pu les faire apprécier.

Le tribunal civil du district de la situation des biens procédait à l'adjudication; mais la distribution du prix entrait dans les attributions du juge de paix. A cet effet, dans les trois jours de l'adjudication, le conservateur lui remettait l'état des inscriptions, sur le vu de cet état le juge de paix établissait le rang des créanciers d'après les hypothèques et les priviléges, toute partie intéressée pouvait prendre, au domicile du juge de paix, communication de son procès-verbal, sur lequel était consigné l'état des collocations et le contester; s'il ne survenait aucune contestation, le juge de paix, un mois après l'adjudication, délivrait aux parties prenantes un mandat de paiement en double expédition comprenant le détail de la collocation; l'une des expéditions était remise au conservateur pour faire opérer la radiation des inscriptions, l'autre était destinée au dépositaire des deniers, qui, à la présentation, était tenu de payer sans délai le montant de la collocation. Un mois après l'adjudication, aucune contestation ne pouvait être élevée ; s'il en survenait pendant ce délai, elle avait lieu au moyen d'une déclaration motivée, consignée sur le procès-verbal ; toute contestation était jugée sommairement par le juge de paix, sauf appel devant le tribunal du district, sa décision était portée sur le procès-verbal et l'appel devait être interjeté dans les dix jours suivans, passé ce délai, l'appel n'était plus recevable.

Comparons ce tableau à celui présenté plus haut. On se perd au milieu des nombreuses complications du premier, on se fatigue en vain à comprendre la marche, à saisir l'enchaînement des formalités ; le second au contraire présente une simplicité et une clarté qui séduisent l'esprit au premier abord. Mais un court examen suffit pour faire entrevoir que la Convention, dans son désir immodéré de simplification, et dans son aversion pour tout ce qui pouvait avoir les apparences d'un vestige du passé, avait été entraînée à rejeter une formalité sans laquelle cependant il n'y a pas de garantie pour les créanciers, nous voulons parler de la mise en demeure de produire les titres de créance, avertissement qui les appelle à surveiller les opérations pour obtenir le rang que leurs droits leur assignent.

C'était là une première faute, une seconde fut

commise : La création des juges de paix est une des meilleures institutions établies par la révolution, mais on ne peut en attendre de bons résultats qu'en la faisant fonctionner dans les limites que comportent ses moyens d'action et ses conditions d'existence. En chargeant les juges de paix du soin de procéder à la distribution des prix d'immeubles entre les créanciers, de fixer le rang de chacun d'eux, et de statuer sur toutes les contestations, quelle qu'en soit la cause, quelle que soit l'importance des sommes engagées dans les débats, on leur donnait des attributions au-dessus du niveau de leurs connaissances juridiques. Aussi, bien que nous appelions les juges de paix à jouer un rôle très important dans les ventes judiciaires d'immeubles d'une valeur inférieure à 4,000 fr., nous n'entendons pas étendre ce rôle à la distribution du prix entre les créanciers. Il y a entre ces deux opérations une grande différence : les fonctions des juges de paix dans le premier cas se borneraient, la plupart du temps, à constater l'accomplissement de formalités déterminées ; dans le second, elles seraient d'une tout autre nature, il faudrait apprécier le privilége ou l'hypothèque de chaque créancier pour déterminer son rang. La loi des priviléges et des hypothèques leur est trop peu familière pour qu'on leur confie même les opérations qui n'ont rien de contentieux, et qui consistent à recevoir les titres de créance, à en opérer le classement, etc. ; à plus

14

forte raison ne doit-on pas leur attribuer la connaissance des contredits , ces contredits peuvent avoir pour objet les questions les plus variées, les sommes les plus importantes.

A côté de ces dispositions qui ne donnent qu'une sécurité incomplète aux intérêts qu'elles concernent, la loi du 9 messidor an III en a placé d'autres qui sont l'indice d'un véritable progrès. A ce titre l'art. 171 doit être placé en première ligne : « En aucun cas, ni sous aucun prétexte, les frais et dépens desdites contestations, adjugés à l'une des parties contre l'autre, ne pourront être pris sur les deniers provenant de l'adjudication des biens du saisi, même de son consentement, tant qu'il restera des créanciers hypothécaires à colloquer, ou qui auraient l'espérance de venir en ordre utile. Défenses sont faites à tous tribunaux et juges de paix d'ordonner, à tous dépositaires de déférer à leurs sentences et jugemens, sous peine par lesdits fonctionnaires publics d'en répondre en leur propre et privé nom; sauf aux créanciers desdits frais et dépens à se pourvoir par exécution directe contre celui qui y aura été condamné. » Admettre le prélèvement de ces frais, c'est les faire supporter par le créancier sur lequel les fonds manquent; cette raison les fit mettre à la charge de la partie qui succombe, et non seulement on enjoignit aux tribunaux de ne pas ordonner de prélèvement pour les frais de contestation, mais encore on défendit aux dépositaires des deniers d'adjudication, dans le cas où un prélèvement de cette nature serait ordonné, de déférer aux jugemens, sous peine, par le dépositaire, d'en répondre. La Convention chercha à assurer l'exécution de sa loi en faisant exercer un contrôle et en engageant, par ce contrôle, la responsabilité des dépositaires de deniers qui étaient des fonctionnaires publics. En prohibant le prélèvement des frais de contestation sur le prix d'adjudication, elle réalisait le vœu exprimé par plusieurs jurisconsultes distingués. Ainsi dans le chap. XIV de son traité sur les ventes d'immeubles par décret, chapitre où il traite « *de la nécessité d'une nouvelle loi qui abrège la procédure d'ordre pour le soulagement des débiteurs et pour l'avantage des créanciers,* » d'Héricourt demande que la quantité des frais prélevés sur les fonds consignés soient limités le plus possible, et, pour arriver à ce but, il indique entre autres moyens : « S'il y avait des contestations entre les créanciers pour les collocations, chacune de ces contestations serait jugée aux dépens de celui qui l'aurait formée mal à propos. »

La loi du 11 brumaire an VII, qui remplaça celle du 9 messidor an III, ne contenait que cinq articles sur la distribution des prix d'immeubles ; ce n'était qu'une ébauche. Tel était son laconisme sur les formes à suivre qu'elle laissait passage à toutes les pratiques de la routine, auxquelles elle en référait par son art. XXXVI pour tous les points de procédure qu'elle n'avait pas réglés. Bien que l'expérience ait condamné l'ancien usage qui donnait à l'ordre la forme d'une instruction judiciaire toujours terminée par un jugement, même en l'absence de toute contestation, la loi de l'an VII le reproduisit : « L'homologation de l'ordre sera portée à la première audience, qui suivra l'expiration du délai de trente jours fixé par l'art. XXXII, pour y être statué par le tribunal.... » Le jugement était levé et signifié, formalités qui entraînaient beaucoup de frais. Quand le décret du 27 ventôse an VIII rapporta celui du 3 brumaire an II et rétablit les procureurs dans leurs anciennes prérogatives, l'homologation de l'ordre donna lieu à des écritures nombreuses dont les frais furent onéreux pour les débiteurs et pour les créanciers.

La loi du 11 brumaire an VII eut le sort qu'avaient eu les usages qu'elle reproduisait ; elle provoqua des réclamations et fut remplacée, six ans après, par le titre XIV, liv. V, part. 1re du Code de procédure.

Les dispositions de ce titre sont en grande partie la reproduction d'usages suivis au Châtelet de Paris. Ces usages, bien que présentant sur ceux consacrés par les autres juridictions des avantages incontestables, avaient encore l'inconvénient de réclamer des formes trop compliquées et des frais trop multipliés. Plusieurs formalités furent retranchées, et le juge-commissaire reçut des attributions plus étendues pour éviter l'intervention du tribunal, quand les opérations de la distribution du prix ne donnaient lieu à aucune contestation. Ces améliorations faisaient concevoir les plus grandes espérances, ainsi qu'on peut en juger par le passage suivant, extrait de l'exposé des motifs de la procédure d'ordre présenté au Corps législatif, dans la séance du 11 mars 1806, par M. Réal, orateur du Conseil-d'État : « Dans peu d'années, nous osons le prédire, par son application uniforme, par sa simplicité, par la rapidité de sa marche et le peu de frais qu'elle exige, elle aura provoqué et obtenu l'approbation de tous les bons esprits et les bénédictions des débiteurs et des créanciers. » L'expérience a parlé; elle n'a pas ratifié ces promesses.

On se plaint continuellement de la lenteur avec laquelle les ordres se poursuivent et des frais élevés qu'ils occasionnent. Les statistiques présentent des résultats qui prouvent combien les plaintes sont légitimes.

De 1841 à 1845, sur 1,000 ordres ou contributions réglés, 235 seulement, moins d'un quart, ont été terminés dans les six mois de leur ouverture; 357 l'ont été du septième au douzième mois; 253 du treizième au vingt-quatrième, et 155 après deux ans.

Pendant les cinq années suivantes (1846 à 1850), les délais ont été à peu près les mêmes. Il y a eu 272 procédures sur 1,000, un peu plus du quart, terminées dans les six mois ; 329, du septième au douzième mois ; 243, du treizième au vingt-quatrième, et 156 après deux ans.

Ces documens officiels confondent les ordres avec les contributions ; mais si l'on considère que les délais légaux pour les formalités des contributions sont moins longs que ceux nécessités par les formalités des ordres, qu'en outre les ordres sont beaucoup plus nombreux (de 1832 à 1850 il y a eu 16,620 contributions et 123,988 ordres), on reconnaît que les contributions n'ont aucune influence sur les constatations qui viennent d'être rapportées. « Il faut, dit M. Abbatucci (1), attribuer ces lenteurs, en grande partie, à la négligence et même au mauvais vouloir des parties, qui ont parfois intérêt à éloigner la clôture des ordres. Les officiers ministériels ne se prêtent que trop à ces manœuvres dilatoires, ou du moins ne s'appliquent-ils pas suffisamment à les empêcher. Les magistrats ne doivent rien négliger pour prévenir ou faire cesser de pareils abus. La tâche sans doute est difficile, mais elle n'est pas au-dessus de leur zèle, et je suis persuadé qu'ils sauront l'accomplir. » Ce vœu honore M. le ministre de la justice, mais ne doit-il pas rencontrer, dans la réalisation, des obstacles nés de la loi elle-même et dont la magistrature ne pourra triompher?

(1) Voir le rapport déjà cité.

Trop de longueur dans les délais nuirait à la masse des créanciers, en éloignant l'époque de la délivrance du prix, trop de rapidité pourrait compromettre les droits de quelques-uns ; on a dû chercher à concilier tous les intérêts. Le Code de procédure accorde aux créanciers successivement un mois pour produire leurs titres et un mois pour contester l'état de collocation dressé par le juge-commissaire. L'art. 756 prononce une forclusion absolue contre tout créancier qui, dans le délai du mois, imparti par l'article précédent, n'a pas fait de contredit ; mais il n'en est pas de même au sujet des créanciers qui n'ont pas produit dans le mois de la sommation, ils conservent le droit de produire tant que l'ordre n'est pas terminé. Rien de moins uniforme que la durée d'un ordre, elle varie de quatre mois à trois ans, et, en conséquence, rien de moins précis dans sa durée que le droit de produire. Une bonne loi, cependant, ne doit pas procéder ainsi. Si, dans un intérêt général, elle assigne des termes à l'exercice des droits individuels, ces termes doivent être fixes ; si elle prescrit telle formalité, c'est pour attacher à son accomplissement telle présomption ; si elle accorde tel délai, c'est pour prononcer à l'expiration telle déchéance. Autrement il ne règne qu'incertitude et arbitraire. Une disposition législative dépourvue de sanction devient bientôt une lettre-morte.

Dans une matière qui a la plus grande analogie

avec celle qui nous occupe, ces principes ont été fidèlement consacrés. L'art. 660 du Code de procédure, relatif à la distribution des deniers provenant de valeurs mobilières, prononce une déchéance contre tout créancier non produisant : « dans le mois de la sommation, les créanciers opposans..... produiront, à peine de forclusion, leurs titres ès-mains du juge commis. » Les termes en sont formels, la déchéance est encourue de plein droit et irrévocablement un mois après la sommation, tandis que, dans un ordre, tout créancier conserve le droit de produire pendant deux mois, six mois, deux ans et plus, c'est-à-dire tant que l'ordre n'est pas clos.

Le droit de produire tardivement favorise une personne intéressée à éloigner la clôture d'un ordre. Il arrive fréquemment que plusieurs ordres étant ouverts sur le même débiteur, un créancier ayant hypothèque seulement sur un immeuble, cherche à retarder l'ordre ouvert sur cet immeuble, afin que les créanciers qui le priment, étant colloqués et payés sur le prix des autres, il puisse venir en rang utile sur celui qui lui a été hypothéqué. Il laisse passer sans faire de production : 1° le délai d'un mois fixé par l'article 754 ; 2° le temps plus ou moins long qui s'écoule entre l'expiration de ce délai et l'époque de la dénonciation aux créanciers de la confection de l'état de collocation ; 3° le délai d'un mois déterminé par l'article 755. C'est alors seulement, c'est-à-dire à la veille du jour où le juge commissaire va arrêter définitivement l'état de collocation, que le créancier usant de la faculté que lui accorde l'article 757, fait une production. De nouveaux délais sont nécessaires pour la confection et la dénonciation de l'état de collocation complémentaire. Les créanciers qui, soigneux de leurs intérêts, n'ont rien négligé pour hâter la fin des opérations, voient leurs efforts paralysés par cette production tardive et l'époque du paiement indéfiniment éloignée. La pratique offre souvent l'exemple de plusieurs états complémentaires pour un même ordre; chaque état complémentaire augmente d'environ deux mois les délais de la procédure.

Les productions tardives sont en outre une cause d'augmentation dans les frais. Les formalités de dénonciation et autres sont toujours remplies par l'avoué poursuivant, les frais qu'elles entraînent sont employés en frais de poursuite, et comme tels prélevés sur le prix. La loi accorde au créancier sur lequel les fonds manquent, le droit de répéter ces frais contre l'auteur de la production tardive, ainsi que la perte des intérêts qu'elle a occasionnée; mais ce droit n'est jamais exercé, soit à cause des difficultés que le créancier éprouve à établir les bases de sa réclamation, n'ayant pas à sa disposition les pièces de poursuite, et le procès-verbal du juge commissaire ne distinguant jamais, parmi les frais employés, ceux pour lesquels un recours peut être exercé ; soit à cause de l'éloignement de la juridiction devant laquelle la demande devrait être portée.

Quand même le créancier, sur lequel les fonds ont manqué, serait indemnisé des frais et de la perte d'intérêts occasionnés par la production tardive, serait-ce là une réparation complète? Le retard apporté dans le règlement de l'ordre, en éloignant l'époque où les créanciers rentrent dans tout ou partie de leurs créances, ne peut-il pas être une cause d'ébranlement de crédit? La même personne n'est-elle pas à la fois créancière et débitrice? si elle ne reçoit pas les sommes qui lui sont dues, elle ne peut à son tour s'acquitter de ses dettes. Il en résulte une gêne momentanée, si ce n'est une suspension de paiemens entraînant à sa suite les conséquences les plus fâcheuses.

En ouvrant l'arsenal immense des usages et des coutumes du passé, il est facile de découvrir la source de l'article 757 du Code de procédure.

Sous l'empire de l'ancien droit, le créancier qui voulait être payé sur le prix d'un immeuble, d'après le rang que lui assurait son hypothèque, était tenu de former, avant la délivrance du décret, opposition *entre les mains du sergent qui faisait les criées, et au greffe de la juridiction où le décret se poursuivait;* passé ce délai, il n'avait plus sur le prix que l'action d'un créancier chirographaire. Tel était le droit consacré par la généralité des coutumes.

Mais en Normandie (1), les créanciers étaient reçus à s'opposer sur le prix de l'immeuble adjugé par décret, même après l'ouverture de l'ordre. L'opposant devait payer les frais qu'il occasionnait pour n'avoir pas formé plus tôt son opposition, et ne pouvait être payé de ce qui lui était dû, qu'après ceux compris en l'état de distribution avant son opposition, quoique les créanciers colloqués avant l'opposition lui fussent postérieurs en hypothèque.

En Artois (2), il n'était pas nécessaire de former opposition pour être colloqué sur le prix d'une propriété vendue par décret. Non seulement on pouvait demander à être colloqué après la délivrance du décret et avant l'ordre, mais encore on pouvait faire recommencer l'ordre à ses frais, et faire rapporter les sommes reçues par les créanciers.

Hevin assure qu'en Bretagne on admettait les oppositions jusqu'à ce que la distribution ait été consommée.

Alors l'hypothèque était occulte. Malgré toute la publicité donnée au décret volontaire ou forcé, les créanciers, à qui aucune signification n'était faite, pouvaient n'avoir connaissance, ni de l'aliénation du gage, ni de la distribution du prix, et dans cette

(1) Règlement de 1666, art. 141.
(2) MAILLART. — Sur l'art. 190 de la coutume d'Artois.

ignorance ne pas prendre les mesures propres à assurer leurs créances; on devait hésiter à prononcer contre eux une forclusion. Mais aujourd'hui, grâce au principe de la publicité des hypothèques, publicité rendue nécessaire même pour les hypothèques légales au moyen de la purge, il n'est pas un créancier qui ne soit averti de l'aliénation de l'immeuble qui lui est hypothéqué et de la distribution du prix, par une double signification : la première ayant lieu dans les termes de l'article 692 du Code de procédure, ou 2183 du Code Napoléon ou enfin 2194 du même Code; la seconde, dans les termes de l'article 753 du Code de procédure. Ces précautions sont suffisantes pour sauvegarder les droits de tout créancier veillant à la conservation de ses intérêts.

Les motifs qui avaient déterminé à recevoir les créanciers à exercer leur action sur le prix selon leur rang d'hypothèque, tant que l'ordre n'était pas définitivement clos, comme en Normandie et en Bretagne, et même après la clôture de l'ordre, comme en Artois, n'existaient plus; les dispositions de ces coutumes ne devaient pas être reproduites. Il est si difficile de rompre avec le passé, qu'on ne procède toujours que par demi-mesure. Tout en condamnant la coutume d'Artois, on calqua les articles 757 et 758 du Code de procédure sur celles de Bretagne et de Normandie, sans remarquer ce que présentait de bizarre et d'incohé rent la disposition de l'article 757 (1) rapprochée de celles des articles 753, 754, 755 et 756 du même Code, ces dernières préparant la voie pour arriver sûrement et promptement au but, l'autre au contraire l'entravant, favorisant la négligence et même la mauvaise foi.

Abordons maintenant la question des frais que la procédure d'ordre entraîne.

(1) Art. 754. — Dans le mois de la sommation, chaque créancier sera tenu de produire ses titres, avec acte de produit signé de son avoué, et contenant demande en collocation. Le commissaire fera mention de la remise sur son procès-verbal.

Art. 755. — Le mois expiré, et même auparavan., si les créanciers ont produit, le commissaire dressera ensuite de son procès-verbal, un état de collocation sur les pièces produites. Le poursuivant dénoncera, par acte d'avoué à avoué, aux créanciers produisans et à la partie saisie, la confection de l'état de collocation, avec sommation d'en prendre communication, et de contredire, s'il y échet, sur le procès-verbal du commissaire, dans le délai d'un mois.

Art. 756. — Faute par les créanciers produisans de prendre communication des productions ès-mains du commissaire, dans ledit délai, ils demeureront forclos, sans nouvelle sommation ni jugement.

Art. 757. — Les créanciers qui n'auront produit qu'après le délai fixé, supporteront sans répétition, et sans pouvoir les employer en aucun cas, les frais auxquels leur production tardive et la déclaration d'icelle aux créanciers auront donné lieu.

Art. 758. — En cas de contestation, le commissaire renverra les contestans à l'audience, et néanmoins arrêtera l'ordre pour les créances antérieures à celles contestées, et ordonnera la délivrance des bordereaux de collocation de ces créanciers, qui ne seront tenus à aucun rapport à l'égard de ceux qui produiraient postérieurement.

Les frais de poursuite en moyenne ne s'élèvent pas à moins de 250 fr. pour les prix d'immeubles de minime valeur. En outre, chaque créancier, pour arriver au paiement de sa créance, est obligé de remplir une série de formalités dont le détail suit :

	Paris.		Dans le ressort	
1° Acte de production (art. 133, Tarif civil).................................	20	»	15	»
2° Enregistrement de cet acte (loi du 28 avril 1816).............................	2	20	2	20
3° Timbre.......................................	»	35	»	35
4° Droit de greffe par chaque production (décret du 12 juillet 1808, et loi du 28 avril 1816)...........................	1	65	1	65
5° Droit de greffe par chaque créancier produisant pour communication de l'état de collocation (loi du 22 prairial an VII)...............................	»	75	»	75
6° Vacation pour prendre communication de l'état de collocation (art. 135, Tarif civil)...................................	10	»	7	50
7° Vacation pour requérir le bordereau de collocation (art. 137, § 2, Tarif civil).	5	»	3	75
8° Timbre de la minute du bordereau....	»	35	»	35
9 Rédaction de la minute du bordereau, 25 c. p. % du montant de la somme colloquée, décime compris (décret du 12 juillet 1808 et loi du 28 avril 1816).	Mémoire.		Mémoire.	
10° Expédition du bordereau de collocation, en moyenne.............................	18	»	18	»
11° Signification du bordereau à l'acquéreur.	7	55	6	65
Totaux...............	65	85	56	20

Par décret du 16 février 1807, le tarif des frais du tribunal de première instance de Paris a été rendu commun aux tribunaux de Lyon, Bordeaux et Rouen. D'après ce décret, toutes les sommes portées en ce tarif doivent être réduites d'un dixième, dans la taxe des frais, pour les tribunaux établis dans les villes où siége une cour d'appel, ou dans les villes dont la population excède 30,000 âmes ; dans tous les autres tribunaux de France le tarif des frais est le même que celui décrété pour les tribunaux du ressort de la cour d'appel de Paris, autres que le tribunal de première instance siégeant à Paris.

Ainsi la somme de 56 fr. 20 cent. représente le montant le moins élevé des frais pour chaque créancier, non compris le droit de 25 cent. pour 100 perçu sur chaque collocation. Ces frais sont employés comme accessoires de la créance, et en conséquence prélevés sur le montant de la somme à distribuer. En admettant que dans un ordre il n'y ait que cinq créanciers venant en rang utile, les frais s'élèveraient à la somme de 281 fr. qui, réunie à celle de 250 fr., montant des frais de poursuite, formerait un total de 531. Cette somme se doublerait, se triplerait et même se quadruplerait en cas de contredits.

Pour avoir une idée vraie de la valeur de ces chiffres, il faut les rapprocher du tableau suivant qui présente le classement des prêts hypothécaires effectués en une année :

IMPORTANCE DES PRÊTS.	NOMBRE DES PRÊTS.
Prêts hypothécaires de 400 fr. et au-dessous.............	155,220
— de 400 fr. à 1,000 fr................	89,803
— au-dessus de 1,000 fr..............	84,553
TOTAL.............	329,576

Si on en appelle aux hommes pratiques, ils répondront que la plupart des procès-verbaux d'ordre que renferment les greffes roulent sur des prix de vente, variant de 1,000 à 3,000 fr.

ANNÉES.	NOMBRE DES ORDRES TERMINÉS dans lesquels les sommes à distribuer étaient	
	de 1,000 fr. et au-dessous.	de 1,001 fr. à 5,000.
1840..................	355	1,879
1841..................	368	1,756
1842..................	437	2,029
1843..................	489	2,332
1844..................	535	2,477
1845..................	511	2,643
1846..................	587	2,716
1847..................	606	2,775
1848..................	540	2,516
1849..................	605	2,678
1850..................	755	3,403
1851..................	781	3,896
1852..................	860	4,074

Sous l'empire de l'ancienne législation une contestation s'élevait-elle, l'affaire était instruite et jugée, non seulement avec la partie contestante et la partie contestée, mais encore avec tous les créanciers colloqués dans l'ordre; en cas d'appel, tous étaient également mis en cause. Afin de proscrire la multiplicité des formes superflues que la routine avait introduites, le Parlement de Paris, à la date du 16 décembre 1748, fit un arrêt de règlement dont l'article XXI était ainsi conçu : « Si dans les discussions mobilières ou immobilières, il y a appel de quelque appointement ou jugement rendu dans le cours de l'instruction, l'appellation ne sera jugée qu'avec celui qui l'aura interjetée, la partie saisie et le procureur plus ancien des autres parties intéressées, sans pouvoir appeler en particulier chacune des parties, à moins que l'appellation ne les intéresse personnellement par des moyens qui leur seraient particuliers; et au dernier cas, les autres parties ne pourront être intimées qu'ensuite de la permission expresse qui sera accordée par le juge d'appel; et si les faits avaient été déguisés, altérés ou dissimulés dans la requête qui sera présentée à ce sujet, le procureur qui l'aura signée sera condamné à 50 livres d'amende, et en tous les frais frustrés de mise en cause des parties. »

Pour se rendre compte des injustices auxquelles donnait lieu le mode vicieux suivi dans l'instruction et le jugement des contestations, il suffit de considérer comment et par qui les frais étaient payés. Quel que soit le résultat, on employait en frais d'ordre, aussi bien ceux faits par les créanciers contestans et contestés que ceux faits par les autres créanciers qui, sans prendre une part active aux débats, n'en signifiaient pas moins des écritures *pour déclarer qu'ils s'en rapportaient à la prudence du tribunal sur le mérite des contestations.* On pouvait élever des contestations les plus hasardées, sans se préoccuper des dépens, motif qui ne contribuait pas peu à en augmenter le nombre.

Il a été fait un emprunt inconsidéré à l'arrêt de règlement du 16 décembre 1748, en ordonnant la mise en cause d'un avoué représentant les créanciers, qui ne figurent pas dans les contestations en qualité de créancier contestant ou contesté. La mise en cause de cet avoué est une formalité qui augmente les frais sans qu'il en résulte pour les créanciers une protection plus efficace de leurs droits ; en effet, un examen attentif des procès-verbaux d'ordre amène à reconnaître que les contestations sont toujours élevées par des créanciers qui, ne venant pas en rang utile, tentent de faire disparaître en totalité ou en partie des créances colloquées antérieurement aux leurs, ou réclament la priorité sur ces créances. L'intérêt personnel de ces créanciers est là pour répondre des efforts qu'ils feront pour amener le triomphe de leurs contestations, et l'on cherche en vain de quelle utilité peut être le concours de l'avoué du dernier créancier colloqué. Aussi dans la pratique son rôle est purement passif.

Objectera-t-on que des créanciers peuvent ne point faire de contredits, précisément parce que des contredits sont déjà élevés, et que ces créanciers doivent être représentés dans le débat, au succès duquel ils sont intéressés? Mais, voit-on jamais un créancier abandonner à un autre le soin d'une contestation dont il doit, lui-même, profiter? Quand même il pourrait arriver que l'existence d'un premier contredit empêchât un créancier d'en faire un second, pour le même objet, les droits de ce créancier pourraient être sauvegardés, sans que pour cela, il fût besoin, dans toute contestation, de mettre en cause l'avoué du dernier créancier colloqué. Il suffirait de ne laisser au premier créancier contestant la liberté de se désister du contredit, que sous la condition d'en instruire préalablement l'avoué du dernier créancier colloqué. Cet avoué interviendrait alors dans l'instance, si l'intérêt des créanciers postérieurs, en ordre d'hypothèques, à la collocation contestée le demandait.

Si l'on compare entr'elles les dispositions qui régissent, en première instance et en appel, la mise en cause de l'avoué du dernier créancier colloqué, on y remarque une grande anomalie. En première instance, cette mise en cause est nécessaire, indispensable dans tous les cas; en appel, au contraire, elle est facultative. Cette différence dans les dispositions est l'indice qu'elles sont la reproduction d'usages divers, et non la consécration d'un principe certain. La pratique a rétabli l'uniformité, en faisant, de cette mise en cause, une règle générale, aussi bien en appel qu'en première instance, et s'est ainsi montrée plus conséquente que la loi. Les frais occasionnés par cette mise en cause, s'élèvent environ, en première instance, à 70 fr., en appel à 130 fr. y compris le bordereau, et sont, conformément aux dispositions de l'art. 768 du Code de procédure, invariablement prélevés sur le montant de la somme à distribuer. Ce prélèvement préjudicie à la fois au saisi et au créancier sur lequel les fonds manquent, en diminuant d'autant la libération du premier et la somme touchée par le second en déduction de sa créance.

La disposition de l'art. 769 du Code de procédure, qui consacre *l'emploi* des frais de contestations, mérite une attention particulière. Ces frais représentant toujours une somme assez importante, *l'emploi* a pour effet de diminuer d'autant la part du créancier sur lequel les fonds manquent. Il est vrai qu'il peut obtenir un recours pour ces frais contre les parties condamnées; mais si elles sont insolvables, leur insolvabilité reste à sa charge, si bien que ce créancier paie, en définitive, les frais de contestations auxquelles il n'était pas intéressé. Dans la pratique même, ce recours n'existe pas. Le principe *de la compensation des dépens avec emploi* est presqu'universellement admis ; il en résulte qu'on apporte une moins grande circonspection à élever des contredits. La question des dépens, dépourvue de toute sanction, n'est plus un frein contre les témérités.

La loi actuelle présente plusieurs lacunes, relativement à des formalités qui sont d'une application journalière. Ces lacunes ont donné naissance à des questions qui ont de la gravité, en raison des instances qu'elles provoquent, et des frais qu'elles occasionnent ; elles peuvent se résumer en ces termes :

1° A quel domicile l'appel doit-il être signifié ?

2° Les jugemens et arrêts par défaut sont-ils susceptibles d'opposition ?

3° Le droit d'appel est-il déterminé par le montant de la somme à distribuer, ou par le montant de la créance ?

4° Les jugemens et arrêts doivent-ils être signifiés non seulement à avoué mais encore à partie ?

5° Existe-t-il une voie de recours contre le règlement définitif, et en cas d'affirmative, quelle doit être cette voie ?

6° A quelle époque et dans quelle forme le séquestre doit-il rendre compte de sa gestion, et opérer sa libération ?

7° Quel est le délai pour interjeter appel d'un jugement d'attribution de prix d'immeubles ?

Tous les ouvrages de doctrine et de jurisprudence abondent en documens sur ces questions. Ces documens sont si nombreux, et il règne entre eux une si grande diversité, que les intérêts des justiciables se trouvent abandonnés au hasard. C'est un affligeant spectacle de voir tous les jours ces lacunes encourager les plaideurs téméraires, enfanter des procès, donner naissance à des systèmes, jeter l'incertitude et la confusion dans la pratique des affaires. Il est indispensable que la loi, par son action régulatrice, substitue une règle uniforme à cet amas confus de décisions contradictoires, et mette les parties dans l'impossibilité de faire fausse route dans la poursuite de leurs droits.

1° A quel domicile l'appel doit-il être signifié ?

Selon les uns la signification doit être faite à la personne ou au domicile de l'intimé ; selon d'autres, au domicile de l'avoué, selon d'autres enfin, au domicile élu dans l'inscription. Les jurisconsultes et les tribunaux, partisans de la première opinion, s'appuient sur l'art. 456 du Code de procédure qui prescrit, à peine de nullité, la signification de l'acte d'appel à personne ou à domicile. La signification à partie, disent-ils, est le droit commun ; les dérogations à ce droit doivent être formellement énoncées, l'art. 763 ne contenant, sur la signification de l'appel, aucune dérogation au droit commun, ce droit doit être maintenu.

Les partisans de la seconde opinion prétendent que, pour suppléer au silence de l'article 763, il est exorbitant de se reporter à l'article 456 relatif à l'appel en matière ordinaire, que la règle et l'équité veulent au contraire que l'on applique une disposition relative à une procédure analogue et établie sur les mêmes principes, c'est-à-dire celle de l'article 669 concernant la distribution du prix des valeurs mobilières.

Les défenseurs de la troisième opinion se fondent sur l'article 2156 du Code Napoléon, portant : « Les actions auxquelles les inscriptions peuvent donner lieu contre les créanciers seront intentées par exploits faits à leur personne ou au dernier des domiciles élus sur le registre. »

De ces trois opinions, la seconde seule doit être conservée. Elle est en harmonie avec les principes qui régissent l'appel pour les incidens sur la distribution du prix des valeurs mobilières, distribution, qui, comparée à celle des prix des valeurs immobilières présente l'analogie la plus grande. L'intérêt commun réclame de la célérité dans la marche des opérations; c'est un besoin de célérité qui a fait consacrer par la loi du 2 juin 1841, le principe de la signification de l'appel au domicile de l'avoué de l'intimé pour les incidens sur les ventes judiciaires d'immeubles. Toutes ces matières, si on en considère l'objet et le but, ont entre elles les liaisons les plus intimes. En apportant de l'uniformité dans les principes qui les régissent, on satisfait à une des conditions premières pour donner au Code de procédure le caractère d'une œuvre rationnelle.

2° Les jugemens et arrêts par défaut sont-ils susceptibles d'opposition ?

Les uns rejettent l'opposition aussi bien en première instance qu'en appel, d'autres l'admettent dans les deux cas, et d'autres enfin, tout en prohibant l'opposition en première instance, la reconnaissent valable en appel. Les articles 731, 739, 838, 964 et 973 du Code de procédure prohibent l'opposition contre les jugemens et les arrêts rendus par défaut dans les ventes judiciaires d'immeubles. Ces dispositions se justifient par le préjudice qu'éprouvent les débiteurs et les créanciers par suite des incidens qui entravent la réalisation de la valeur de la propriété, et éloignent l'époque où le prix en sera versé entre leurs mains. Tout retard apporté dans le jugement des contestations qui s'élèvent sur l'ordre, ne leur est pas moins préjudiciable. Le même motif doit faire établir, dans les deux cas, la même célérité dans les formalités.

3° Le droit d'appel est-il déterminé par le montant de la somme à distribuer ou par le montant de la créance?

Le § 1er de l'article 1 de la loi du 11 avril 1838, qui accroît la compétence des tribunaux de première instance, n'est en son entier que la reproduction littérale de l'article 5 du titre VI de la loi du 24 août 1790, moins les chiffres qui ont été augmentés; on a substitué la somme de 1,500 fr. à celle de 1,000 livres pour les actions person-

nelles et mobilières, et la somme de 60 fr. à celle
de 50 livres pour les actions immobilières. Il est
à regretter que les législateurs de cette époque aient
renfermé leur œuvre dans des bornes aussi res-
treintes, et n'aient pas entrepris de codifier les
principes qui doivent régir la solution d'une foule
de questions qui ont été agitées et le sont encore
tous les jours, sur le premier et le dernier ressorts.
En l'absence d'un texte précis, la jurisprudence
entasse pêle-mêle les décisions les plus contradictoires. Sans entrer dans le détail de ces questions
nous en citerons une des plus importantes, qui se
rattache directement à notre sujet; nous voulons
parler de l'appel en matière d'ordre. Les uns l'admettent pour tout jugement, quelque modique que
soit l'importance de la contestation; d'autres ne
l'admettent que si la contestation a pour objet une
créance supérieure à 1,500 fr.; selon d'autres
enfin, c'est la somme à distribuer qui doit seule
fixer la compétence, ils interdisent l'appel quand
les deniers à distribuer sont inférieurs au taux du
dernier ressort, et le permettent toujours quand
les deniers excèdent ce taux.

Les premiers sont en opposition avec le principe
fondamental du dernier ressort. La loi, tout en
introduisant l'appel comme moyen de redresser
l'erreur d'un premier jugement, n'a pas voulu que
les procès d'un intérêt modique puissent donner
naissance à des frais d'une importance supérieure
à la valeur du litige.

Les troisièmes représentent le système qui a prévalu dans la jurisprudence. Les magistrats le considèrent comme un point si bien établi, qu'ils ne délibèrent même plus à ce sujet. Ces autorités, malgré leur importance, n'ont pu entraîner notre conviction. Supposons, dans un ordre ouvert sur une somme supérieure à 1,500 fr., le créancier A réclamant sur le créancier B la priorité pour une somme de 300 fr.; le jugement, dans ce système, serait susceptible d'appel, quoique par l'effet du jugement l'un ou l'autre de ces créanciers ne puisse jamais éprouver un préjudice supérieur à 300 fr. Au contraire, supposons l'ordre ouvert sur une somme de 1,450 fr., et le créancier B contestant la collocation faite au profit de A pour une somme de 2,000 fr. ; selon que la contestation sera ou non admise, l'un ou l'autre de ces créanciers éprouvera un préjudice de 2,000 fr., car si un second ordre a lieu, on opposera dans ce second ordre la question jugée dans le premier. Ce jugement pourtant serait en dernier ressort. Ces deux exemples ne prouvent-ils pas qu'on ne peut rationnellement prendre la somme à distribuer pour base du premier et du dernier ressort?

Les seconds seuls nous semblent dans la bonne voie, aussi nous rattachons-nous complètement à leur opinion.

4° Les jugemens et arrêts doivent-ils être signifiés non seulement à avoué mais encore à partie?

Cette question aurait peu d'intérêt s'il n'y avait

que deux ou trois personnes en cause; mais les décisions judiciaires, qui interviennent sur les contredits d'ordre, sont rendues le plus souvent entre un grand nombre de parties, les frais d'une double signification représentent une somme qui a son importance en raison de ce nombre, et qui, prélevée sur le montant de la somme à distribuer, diminue d'autant la part du créancier sur lequel les fonds manquent.

D'après les principes généraux, la signification d'un jugement à personne ou domicile est requise dans un double but : 1° faire courir le délai de l'appel (article 456 du Code de procédure), 2° mettre la partie condamnée en demeure d'exécuter le jugement avant qu'on ait recours aux mesures coercitives (article 147 du même Code). Dans l'espèce, l'appel court à partir de la signification à avoué, et doit être, à peine de nullité, interjeté dans les dix jours de cette signification. A quoi dès lors sert la signification à partie ? Dira-t-on qu'elle a pour effet de lui donner une connaissance personnelle du jugement ? mais cette connaissance peut lui arriver trop tardivement par cette voie pour qu'elle ait le temps d'en faire usage. La loi, en introduisant dans un but de célérité et de simplicité l'exception de l'article 763 du Code de procédure, a dû considérer l'avoué et sa partie tellement confondus, qu'elle a pu regarder la signification faite à l'un comme faite à l'autre.

La signification à partie ne saurait se justifier davantage sous le rapport de l'article 147. L'objet des décisions judiciaires sur contredits est de fixer le rang ou la quotité de la créance de chaque créancier; elles ne contiennent pas, à proprement parler, de dispositions pour lesquelles il soit besoin d'avoir recours aux voies d'exécution.

Il ne suffit pas de prohiber la signification à partie comme inutile en présence de la signification à avoué, il faut encore déterminer si le nombre des copies sera fixé par celui des avoués, ou par celui des parties qu'ils représentent. L'usage universellement admis est de signifier à un avoué autant de copies qu'il représente de parties, et l'on va même jusqu'à signifier à l'avoué, représentant les créanciers postérieurs aux créances contestées, un nombre de copies égal à celui de ces créanciers. A quoi servent ces copies multiples? une seule instruit complétement un avoué des dispositions du jugement relatives aux parties qui l'ont chargé de les représenter. Un article réglementaire devrait fixer d'une manière précise le nombre des copies à celui des avoués, et déclarer qu'en aucun cas le nombre des parties en cause ne pourra donner lieu à une augmentation dans le nombre des copies.

5° Existe-t-il une voie de recours contre un réglement définitif, et en cas d'affirmative, quelle doit être cette voie?

La jurisprudence s'est souvent trouvée en présence de cette difficulté qui a échappé aux regards prévoyans du législateur, et que des jugemens et arrêts nombreux, depuis près de cinquante ans, ont alternativement résolue en sens opposés. Les uns n'ont admis que la voie d'opposition ou action principale devant le tribunal, d'autres, que la voie d'appel, d'autres se sont prononcés contre le droit d'opposition ou contre le droit d'appel, sans s'expliquer sur la voie à employer, d'autres enfin n'en ont admis aucune. La cour de cassation, appelée à statuer sur cette question, a elle-même varié dans ses décisions.

Les partisans du système de l'appel ne sont pas d'accord sur le délai dans lequel l'appel doit être interjeté. Les uns fixent ce délai à dix jours, par application de l'article 763 du Code de procédure; les autres, à trois mois, par application de l'article 456 du même code. Si la loi, disent-ils, n'a pas déterminé le délai dans lequel cet appel doit être interjeté, il faut recourir au droit commun d'après lequel, à moins d'une exception formelle, le délai pour se pourvoir contre les jugemens est de trois mois. C'est à ce délai que se sont arrêtées la plupart des cours. Ainsi dans une matière qui requiert célérité, et où le législateur a, par toutes ses dispositions, manifesté l'intention d'abréger les délais, on se décide pour le délai le plus long. De quel jour court ce délai? Les uns le font courir du jour même de l'état définitif; les autres, du jour seulement où les dispositions de cet état ont été portées à la connaissance de la partie intéressée. Les premiers sont en contradiction avec les principes formellement consacrés par la loi qui ne fait courir le délai de l'appel que du jour de la signification de la décision attaquée ; les seconds jettent dans une incertitude fâcheuse les créanciers qui peuvent être contraints à rapporter le montant de leurs collocations longtemps après avoir reçu leur paiement et donné main-levée de leurs inscriptions, c'est-à-dire à une époque où leurs créances ne peuvent renaître que dépouillées des sûretés qu'elles présentaient dans l'origine, et qui ont été abandonnées dans la pensée de paiemens valides.

Comment ne pas admettre une voie de recours contre l'état définitif? Un créancier colloqué dans l'état provisoire, à un certain rang et pour une certaine somme, peut, par une erreur du juge-commissaire, même en l'absence de toute contestation, être omis ou déplacé dans l'état définitif, être colloqué pour une somme moindre ou plus forte; l'état définitif peut contenir des dispositions, soit portant atteinte à des contredits sur lesquels il n'a point été statué par le tribunal, soit faisant une fausse interprétation des jugemens et arrêts intervenus sur ces contredits; une partie peut n'avoir pas été appelée à l'ordre, et s'être ainsi trouvée dans l'impossibilité de faire valoir ses droits.

C'est pour n'être pas entré dans ces considérations, dont les faits démontrent chaque jour la vérité, que des auteurs et des arrêts ont rejeté toute voie de recours contre l'état définitif; mais une pareille doctrine et une pareille jurisprudence renversent tous les principes de justice, et il n'y a pas à hésiter à se ranger du côté de ceux qui admettent une voie de recours. Quelle sera cette voie? La longue controverse, qui divise depuis si longtemps les jurisconsultes, les praticiens et les tribunaux, est née du silence de la loi; elle doit s'évanouir devant une disposition législative, qui, consacrant le caractère propre de l'état définitif, ne permette plus qu'on l'assimile à un acte de juridiction contentieuse, et établisse, pour unique moyen de réformation, l'opposition portée, comme action principale, devant le tribunal de première instance.

6° A quelle époque et dans quelle forme le séquestre doit-il rendre compte de sa gestion et opérer sa libération?

Pour assurer aux créanciers les fruits de l'immeuble saisi, la loi les autorise à requérir l'établissement d'un gardien, chargé, jusqu'à l'entrée en jouissance de l'adjudicataire, de la perception des loyers et fermages, de la récolte des produits et de leur vente. Le reliquat de la gestion doit être distribué avec le prix de l'immeuble, par ordre d'hypothèque. La reddition de compte a lieu, tantôt concurremment avec la poursuite de l'ordre, mais

séparément de cette poursuite , tantôt après la clôture de l'ordre. Dans le premier cas, la demande
est formée par le créancier le plus diligent ; dans le
second , elle l'est par celui sur lequel les fonds
manquent. Quant aux formalités observées, ce sont
celles déterminées par les art. 527 et suivans du
titre des redditions de comptes. Plusieurs de ces
formalités sont insignifiantes dans l'espèce, et
entraînent des frais qu'il importe de supprimer, une
grande partie du reliquat du compte étant le plus
souvent absorbée par les dépens de l'instance.

A quoi bon obtenir un jugement qui ordonne que
le séquestre rendra son compte? Assigné en reddition de compte, ce dernier déclare qu'il est prêt à
le présenter ; alors intervient un jugement qui lui
donne acte de sa déclaration, et renvoie les parties
devant un juge-commissaire. Cette première phase
de la procédure devrait disparaître devant une
disposition législative, qui enjoindrait au séquestre
de dresser son compte dans un délai déterminé. A
défaut, par le séquestre, de le dresser et présenter
dans ce délai, on obtiendrait un jugement qui l'y
contraindrait ; mais alors, comme sanction de cette
disposition, tous les frais seraient mis à sa charge,
tandis que, aujourd'hui, ils sont prélevés sur le
reliquat de la gestion.

Quant aux formalités à remplir pour dresser le
compte, le présenter, l'affirmer, l'examiner et le
rendre définitif, celles déterminées par les art. 531,

532, 534, 536, 538, 539 et 540 sont trop compliquées. La gestion d'un séquestre, dans une vente immobilière, n'embrasse qu'un espace de temps assez court, et des opérations uniformes, peu nombreuses, d'une appréciation facile. Le compte peut être dressé par le séquestre lui-même, et les parties peuvent elles-mêmes en prendre communication sans avoir recours à des intermédiaires obligés. Pour mettre les intéressés à même d'examiner ce compte, sans leur occasionner de dérangemens, il n'y aurait qu'à l'englober dans les opérations de l'ordre. (V. p. 290.)

7° Quel est le délai pour interjeter appel d'un jugement d'attribution de prix d'immeuble?

Les formalités d'ordre, telles qu'elles sont déterminées par les art. 752 et suivans du Code de procédure, n'exigent pas moins de quatre mois pour leur accomplissement, même en cas de non contestation. Dans le but d'abréger ces délais et de mettre les créanciers à même, lorsqu'ils seraient peu nombreux, d'obtenir plus rapidement le remboursement de leurs créances, la loi a substitué à ces formalités la voie de l'action principale devant le tribunal, voie facilement praticable, s'il ne s'agit que de trois créanciers, comme le prescrit l'art. 775. Cet article n'a pas déterminé le délai pendant lequel on peut interjeter appel d'un jugement d'attribution. Les uns, désireux d'éviter les longueurs, invoquent l'art. 763 et restreignent ce délai à dix jours; les autres, invoquent le principe, que toute dérogation à la loi commune doit être limitée au cas spécialement prévu, et appliquent l'art. 443. La pratique et la jurisprudence sont presque unanimes sur ce dernier point, si bien que le créancier, au profit duquel l'attribution du prix a été prononcée par le jugement, ne peut obtenir du conservateur des hypothèques la radiation des inscriptions, et de l'acquéreur de l'immeuble le paiement du prix, que trois mois après la signification du jugement, en justifiant des certificats prescrits par l'art. 548. Dans l'état actuel des choses, cette procédure, loin d'être utile aux créanciers, leur est nuisible; les frais de l'instance sont aussi élevés, si nonplus, que le seraient ceux d'un ordre, et les délais sont plus longs.

CHAPITRE III.

De tous les publicistes qui se sont préoccupés du crédit foncier, M. Pougeard est le seul qui ait porté son attention sur un des côtés importans de la question, la distribution des prix d'immeubles entre les créanciers. « L'ordre, dit-il (1), est la phase la plus coûteuse, la plus longue et la plus périlleuse du décours de l'hypothèque, c'est la plus lourde amarre du crédit foncier. » La section ix de sa proposition sur la réforme hypothécaire est consacrée à la distribution des prix d'immeubles entre les créanciers ; en voici les dispositions :

« Art. 118. L'ordre entre les créanciers demeure invariablement fixé tel qu'il résulte de l'état des inscriptions.

» Art. 119. Dans le mois de la vente ou de l'ad-

(1) Explications à l'appui d'un projet de loi sur la réforme hypothécaire présenté, en juillet 1848, à l'Assemblée constituante et renouvelé, le 2 juin 1849, devant l'Assemblée législative, pag. 53.

judication, l'acquéreur est tenu de payer à chacun des créanciers, venant en ordre utile, le montant de son inscription, avec le dixième en sus, conformément à l'art. 50 ci-dessus (1). Si le dixième n'est dû qu'en partie, il paiera ce qui sera réclamé par le créancier.

» Art. 120. Aucun créancier ne pourra élever de contestation dans la forme, sous quelque prétexte que ce soit, contre les inscriptions qui lui sont antérieures, et qui lui ont été déclarées lorsqu'il a lui-même contracté.

» Art. 121. Celles qui auraient été omises ne pourront lui préjudicier, sauf le recours des créanciers lésés contre le conservateur, s'il y a lieu.

» Art. 122. Si un créancier inscrit, ou tout autre intéressé, veut prétendre que tout ou partie du montant d'une inscription n'appartient pas à celui qui le réclame, il se pourvoiera par voie d'opposition entre les mains du tiers acquéreur, et l'affaire sera poursuivie et jugée dans la forme ordinaire, mais sans porter aucune atteinte à la position et aux

(1) Art. 50. — A la somme fixe, unique et capitale, pour laquelle devra être prise l'inscription, il ne pourra être rien ajouté pour frais et intérêts. Pour tenir lieu desdits frais et intérêts, le créancier inscrit aura droit, dans tous les cas, vis-à-vis des créanciers postérieurs, et sauf règlement avec son débiteur, à un dixième en sus de la somme capitale portée sur l'inscription, mais sans pouvoir, sous quelque prétexte que ce soit, rien prétendre au-delà.

droits des créanciers non contestés, et sans pouvoir en aucune façon retarder leur paiement.

» Art. 123. Toute partie intéressée et le débiteur lui-même, sans contester le principal de la créance, pourront s'opposer, entre les mains de l'acquéreur, à ce que le créancier touche, sur le dixième alloué à forfait, pour intérêts et frais, au-delà de ce qui lui sera dû légitimement pour ces différens objets.

» Art. 124. Les sommes qui seront ainsi retranchées des inscriptions existantes ne pourront jamais être réclamées par les créanciers postérieurs, à titre hypothécaire. Elles resteront dans l'actif du débiteur, et appartiendront à la masse de ses créanciers.

» Art. 125. Non seulement le paiement des créances antérieures, mais la radiation même des inscriptions ne changera rien au sort et à la situation des créanciers postérieurs. Le débiteur pourra, soit subroger dans ces inscriptions, soit les renouveler dans le rang, à la place et dans la mesure qu'elles avaient primitivement. La position hypothécaire du créancier, telle qu'elle sera fixée au moment de l'inscription, demeurera absolument invariable. Le montant des inscriptions qui lui auront été déclarées et qui seront antérieures à la sienne, sera inévitablement prélevé avec le dixième en sus, avant qu'il reçoive rien, soit au profit des créanciers primitivement inscrits, soit au profit de ceux qui leur auraient été subrogés ou substitués, soit au profit de l'actif général du débiteur.

» Art. 126. Il ne sera admis de subrogation à l'hypothèque, que moyennant paiement et extinction de la première obligation. Toute subrogation purement éventuelle est prohibée.

» Art 127. Après l'expiration des délais de sur-enchère, et s'il n'en est pas survenu, le tiers déten-teur pourra demander la radiation de toutes les inscriptions ne venant pas en ordre utile. A cet effet, il fera sommation à trois jours, à tous les créanciers non utilement inscrits, de se trouver au bureau des hypothèques, pour consentir ladite radiation; en cas de contestation, il y aura pourvoi devant le tribunal.

» Art. 128. Le jugement qui statuera sur la surenchère déterminera les inscriptions qui devront être rayées; la radiation sera faite d'office, sans autres formalités. »

Tel est l'ensemble du système que M. Pougeard propose de substituer au titre de l'ordre (art. 749-779 du Code de procédure civile).

La voie qu'il trace est nouvelle; mais est-elle praticable, et quand même elle le serait, ne don-nerait-elle pas naissance à des contestations nom-breuses qui, sous le rapport des délais et des frais, présenteraient autant, sinon plus d'inconvéniens que le mode de procéder actuel?

Il demande que toutes les hypothèques conventionnelles, légales, soient soumises à la publicité, qu'elles n'aient de force que lorsqu'elles sont inscrites, et de rang que du jour de l'inscription : idées fécondes en résultats s'il est pourvu à ce que l'inscription soit prise; car alors, il y aura plus de garantie pour les incapables, leurs hypothèques étant inscrites ne pourront disparaître comme aujourd'hui, au moyen de la purge, et plus de sécurité pour les tiers qui contracteront avec le mari, ou le tuteur, puisque toutes les charges apparaîtront aux yeux des prêteurs. Mais indépendamment de ces avantages, il attribue au principe de la publicité des effets plus étendus, dont il fait la base et le fondement de ses innovations. «Quel est l'objet, le grand bienfait de la publicité des hypothèques? c'est de mettre chaque créancier à même de connaître ceux qui le précèdent. L'ordre est là; il est toujours tout fait; c'est l'inscription qui fixe le rang; donc, la série des inscriptions, c'est l'ordre... L'ordre étant tout fait, étant fixe et permanent, on verrait d'un coup-d'œil, en rapprochant le prix du contrat de la colonne des inscriptions, quels sont ceux qui doivent être payés, et quels sont ceux qui ne peuvent pas l'être.» De ces prémisses, il conclut à la suppression des ordres. La raison philosophique peut trouver ce raisonnement conforme aux règles de la logique et en accepter la conséquence; mais la raison pratique ne saurait se contenter exclusivement de logique, elle se préoccupe, avant tout, de la réalisation de l'idée. Or, est-il possible de supprimer les ordres?

Quelque profondes que soient les modifications apportées au régime hypothécaire, on ne pourra jamais donner à l'état des inscriptions la simplicité et la clarté que suppose M. Pougeard. La nature des choses y résiste. Il y aura toujours des radiations particlles ou totales, des cessions et des subrogations d'hypothèques ; telle créance hypothécaire, qui aujourd'hui appartient à une seule personne, sera demain partagée entre trois ou quatre, par suite d'une liquidation ; telle hypothèque, affectée à la garantie d'une obligation conditionnelle, attend d'un événement ultérieur sa confirmation ou son infirmation. Ce sont là des causes qui nécessiteront toujours des écritures venant grossir l'état des inscriptions et en compliquer les indications. Même avec les principes de publicité et de spécialité, la détermination des charges hypothécaires sera encore une opération délicate, exigeant de l'attention et des connaissances spéciales ; et quand il s'agira, après la vente, de tracer la ligne de démarcation, séparant les créanciers utilement inscrits de ceux qui ne le sont pas, l'opération deviendra encore plus difficile, plus compliquée.

En chargeant l'acquéreur de ce soin, M. Pougeard l'appelle à jouer un rôle nouveau qui l'exposera sans cesse à des contestations, et laissera souvent sa libération dépourvue de sécurité. En effet, ce dernier devra déterminer, sur le vu de l'état des inscriptions et sous sa responsabilité, les créanciers venant en ordre utile, et payer à ses risques et périls, entre leurs mains, le montant de son adjudication. S'il commet une erreur dans le classement des créanciers, s'il place, par exemple, Paul au premier rang et Pierre au deuxième, au lieu de placer Pierre au premier et Paul au deuxième, et que le prix soit insuffisant pour les désintéresser tous les deux, Pierre, après le paiement effectué à Paul, n'en aura pas moins le droit de réclamer à l'adjudicataire le montant de sa créance, comme si ce paiement n'avait pas eu lieu; il n'a pas été averti de ce paiement, il n'a pu s'y opposer. Qui donc voudra s'exposer à de pareilles éventualités? Pour guider l'acquéreur, l'éclairer dans cette circonstance, il lui faudra les lumières d'un homme compétent; il ne pourra réclamer gratuitement son concours, et connaissant avant la vente cette charge qui pèsera sur lui, il élevera d'autant moins les enchères. Après s'être libéré entre les mains des créanciers qu'il aura jugé être les premiers en rang par les priviléges et les hypothèques, et avoir obtenu main-levée de leurs inscriptions, il n'aura pas complètement dégagé son immeuble, qui restera encore grevé des inscriptions des créanciers non désintéressés par suite de l'insuffisance du prix. Comment l'en débarrasser? L'article 127 de la proposition y pourvoit. L'acquéreur remplira le rôle actif; c'est à lui qu'incombera le soin de convoquer les créanciers au bureau des hypothèques. Cette convocation sera le plus souvent une formalité sans résultat : les uns comparaîtront, les autres ne comparaîtront pas; les premiers rarement donneront main-levée de leurs inscriptions, soit parce qu'ils ne se trouveront pas suffisamment éclairés sur l'étendue des droits des créanciers les primant, soit parce qu'ils prétendront avoir été mis à tort au nombre des créanciers non utilement inscrits; il faudra alors se pourvoir par action principale.

On voit tous les jours l'indifférence ou la résistance des créanciers mettre les syndics de faillite dans la nécessité d'obtenir des jugemens, pour arriver à la radiation des inscriptions prises en vertu d'hypothèques constituées depuis l'époque déterminée par le tribunal de commerce, comme étant celle de la cessation des paiemens du débiteur, ou dans les dix jours qui l'ont précédée. A plus forte raison cette nécessité d'un recours à l'autorité judiciaire existera pour les acquéreurs, car la radiation des inscriptions sera toujours sous la dépendance de questions complexes; ainsi toute personne en achetant un immeuble, aura un procès en expectative. En général, on est peu porté à acquérir quand on a seulement la crainte d'une contestation : que sera-ce, si après une acquisition, on est obligé, pour l'assurer d'une manière irrévocable et obtenir la radiation des inscriptions des créanciers, qui n'ont pu être désintéressés à cause de l'insuffisance du prix, de se soumettre aux ennuis d'un débat judiciaire. Les frais de l'instance seront coûteux, et le jugement rendu, il faudra en outre attendre trois mois pour faire opérer la radiation des inscriptions.

Combien la situation de l'acquéreur sera plus délicate, hérissée de plus de difficultés, si on applique ce système en maintenant les hypothèques judiciaires et les hypothèques légales occultes, avec lesquelles M. Pougeard prétend pouvoir l'allier. Le concours des hypothèques générales et des hypothèques spéciales, le classement des hypothèques légales des femmes qu'il faudra échelonner, selon les causes qui leur donneront ouverture (art. 2135, § II, du Code Napoléon), compliqueront singulièrement la tâche de l'acquéreur. Pour encourir moins de danger, il sera obligé de mettre en cause, non seulement les créanciers qu'il supposera ne pas venir en rang utile sur le prix, mais encore tous les autres; le jugement fera tout à la fois attribution du prix et main-levée des inscriptions. Ainsi se reproduira l'ancien usage qui consistait à traduire toute distribution de prix d'immeuble en une instance judiciaire, dans laquelle tous les créanciers étaient appelés, usage si justement condamné en raison des frais qu'il occasionnait.

Le préliminaire indispensable, dans une distri-

bution, est la fixation de la somme due en principal
intérêts et frais à chaque créancier utilement inscrit. Pour y arriver il est nécessaire de convoquer
régulièrement créanciers et débiteurs, et de les
mettre en présence, afin que les prétentions de
chacun puissent être appréciées par tous et ra-
menées, en cas d'exagération, dans la limite du
vrai; mais ce n'est pas ainsi que procède l'auteur
de la proposition. Il ouvre à tout créancier utilement inscrit, le droit de se faire payer par l'adjudicataire le montant de son inscription et le dixième
en sus, chaque somme capitale inscrite emportant
de plein droit un dixième en sus pour garantir les
frais, intérêts et arrérages. Chaque créancier agira
individuellement, séparément contre le tiers-dé-
tenteur, et ce dernier paiera sans que le débiteur
ait été préalablement appelé à reconnaître le montant de la créance. Que paiera-t-il ? « Il paiera ce
qui sera réclamé par le créancier ». (Art. 119).
Le débiteur, cependant, ne pourra s'en rapporter à
la bonne foi du créancier; tous les jours on voit
des contestations entre créanciers et débiteurs s'é-
lever dans les ordres, soit sur le principal des
créances, soit sur les intérêts, soit enfin sur les
frais. Le débiteur, aussitôt après la vente, devra
se pourvoir par voie d'opposition entre les mains
de l'acquéreur, pour empêcher les créanciers de
toucher au-delà de ce qui leur sera dû légitimement
pour principal, intérêts et frais (art. 122 et 123 de

la proposition). Alors autant de créanciers, autant d'oppositions; autant d'oppositions, autant d'instances commencées, autant de sources de frais ouvertes.

M. Pougeard ente sur toute distribution de prix d'immeuble une procédure de contribution. Une inscription une fois prise donne lieu, lors de l'ordre, à un prélèvement comprenant le montant de l'inscription avec le dixième en sus. Si tout ou partie du montant de l'inscription n'est plus due à cette époque, si le dixième alloué à forfait pour intérêts et frais est supérieur à ce qui sera dû légitimement pour ces différens objets, on opérera un retranchement, et les sommes retranchées sur les prélévemens opérés pour chaque inscription venant en ordre utile, resteront dans l'actif du débiteur, et appartiendront à la masse des créanciers, l'auteur de la proposition n'admettant pas que ces sommes puissent être réclamées par les créanciers postérieurs à titre hypothécaire. Tout prix d'immeuble sera donc partagé en deux parties : l'une devant être distribuée à titre hypothécaire, l'autre à titre chirographaire. Ce seront deux opérations distinctes, dont la seconde ne pourra commencer qu'après l'achèvement de la première. Le résultat est facile à prévoir, il y aura doubles délais et doubles frais. La somme qui fera ainsi retour à l'actif général du débiteur, pour être répartie au marc le franc entre tous les créanciers, ne leur profitera pas. Elle n'aura pas le plus souvent une grande importance ; or, pour les sommes minimes à distribuer, la procédure de contribution, telle qu'elle est réglementée par les art. 656 à 672 du Code de procédure, en absorbe en frais de poursuite une très grande partie, sinon la totalité.

Ainsi envisagée dans sa mise en action, la proposition de M. Pougeard se heurte à chaque instant contre des difficultés et des complications, et l'on est obligé de renoncer aux espérances que pouvaient faire concevoir ces promesses : « J'ai examiné ce mécanisme de tous les points de vue, et si l'on peut le dire, de tous les angles de la procédure.... Je n'y ai pas aperçu d'objections ; et j'ose dire qu'il n'en est pas que l'on ne puisse facilement résoudre. Il pourrait y avoir, suivant les cas, quelque légère complication et des contestations individuelles , mais cette mêlée de créanciers que, par antiphrase sans doute, on appelle un ordre, — jamais ! »

Cette proposition soulève plus que des questions de procédure ; elle apporte, dans le jeu des hypothèques, des modifications qui sont contraires aux véritables conditions du crédit.

Le principe de la spécialité des hypothèques est considéré, par les meilleurs esprits, comme une des bases fondamentales de tout bon régime hypothécaire ; il présente l'avantage d'épargner le crédit du débiteur, qui possédant plusieurs immeubles, peut n'hypothéquer que celui nécessaire à la sûreté de sa dette, d'apporter de la clarté dans l'assiette et le rang des hypothèques, et d'empêcher l'accumulation, sur deux immeubles, des mêmes hypothèques dont le concours entraîne toujours des discussions dispendieuses. Ce principe demande à être, dans l'application, renfermé dans certaines limites, sous peine de manquer le but, et même de produire un résultat directement contraire à celui proposé. M. Pougeard le pousse jusque dans ses conséquences les plus extrêmes : il admet la spécialité non seulement *in re*, mais encore *parte in quâ* et fait table rase du principe de l'indivisibilité de l'hypothèque, si bien rendu par cet adage, *est tota in toto, et tota in quâlibet parte;* il fait un partage métaphysique de tout immeuble, le fractionne en autant de parties qu'il y a d'inscriptions; toute inscription, une fois prise, subsiste indéfiniment à l'égard des créanciers postérieurs, même après que le créancier a été remboursé par le débiteur ; il n'admet pas que les causes de la première inscription étant éteintes, la seconde inscription vienne en première ligne, la troisième en seconde ligne etc. ; il donne pour raison que le créancier n'a jamais eu d'hypothèque sur la portion de l'immeuble frappée d'inscription au moment du contrat, que cette portion a été réservée, qu'elle ne lui a pas été offerte, qu'il n'a pas entendu l'avoir en garantie, qu'il ne peut exercer sur elle l'action hypothécaire, que la somme représentée par cette première inscription doit faire retour à l'actif du débiteur, pour être partagée au marc le franc entre tous les créanciers ; c'est là ce qu'il appelle « la déduction extrême, mais parfaitement logique, du principe de la spécialité. »

Il est facile de démontrer que ce raisonnement est vicieux à l'égard des créanciers ayant des hypothèques légales : ces hypothèques naissent de la loi et non d'un contrat ; comment refuser à ces créanciers le droit de contester ceux qui les priment et de faire rétrograder leurs hypothèques ? ils ne sont liés par aucun engagement. Comment ne pas les laisser profiter de tout remboursement effectué, et ne pas faire avancer leur rang hypothécaire au fur et à mesure de l'extinction des hypothèques antérieures ? autrement ne serait-ce pas faire déchoir les incapables de la faveur que méritent leurs intérêts si précieux ?

La déduction tirée du principe de la spécialité peut être logique à l'égard des hypothèques conventionnelles, mais elle sera dans l'application une entrave pour les prêts. Si, en général, il est vrai de dire, que l'on prête moins à la *probité* qu'à la *propriété*, par la raison que *plus est cautionis in re quàm in personâ*, il faut reconnaître que les garanties morales ont aussi leur importance. Souvent telle personne se décide à faire un prêt, parce que indépendamment de la garantie immobilière qui lui est offerte, elle prend en considération le crédit personnel de l'emprunteur, fondé sur une industrie ou sur une conduite éprouvée ; elle espère que les capitaux réalisés ultérieurement seront employés au paiement des inscriptions qui la priment, et par ce moyen obtenir un rang de plus en plus assuré : c'est là une probabilité à laquelle la pratique a façonné les habitudes et les intérêts. Selon M. Pougeard, au contraire, le paiement des créances antérieures et la radiation même des inscriptions ne changeraient rien au sort et à la situation des créanciers postérieurs ; le débiteur pourrait, soit subroger dans ces inscriptions, soit les renouveler dans le rang, à la place et dans la mesure qu'elles avaient primitivement ; ces subrogations et ces renouvellemens auraient lieu au profit de nouveaux créanciers. Une semblable disposition serait non seulement injuste, mais encore donnerait passage à des fraudes nombreuses. Un débiteur de mauvaise foi, voyant qu'il ne peut échapper à une expropriation, consentira une obligation simulée à un tiers et le subrogera dans les effets d'une inscription dont les causes seront éteintes depuis longtemps.

Pour échapper aux conséquences fâcheuses que cette obligation nouvelle doit avoir pour eux, les créanciers en demanderont-ils la nullité ? Alors ce sera un procès, et un procès difficile. On sait combien sont épineuses et délicates les questions qui touchent à la simulation des actes ; la présomption existe toujours en faveur de la bonne foi de celui qui joue le rôle de prêteur, et il faut une série de faits bien probans pour entraîner la conviction du juge, et faire prononcer la nullité. Le prêt même peut être sérieux, mais l'emprunteur au lieu d'employer la somme au paiement d'une créance échue, la conservera soigneusement, comme une ressource, pour l'époque où l'expropriation l'aura dépouillé de son immeuble.

Tout en maintenant le droit de surenchère, droit si éminemment utile aux créanciers hypothécaires, en ce qu'il leur donne les moyens de porter l'immeuble à sa véritable valeur, et de déjouer les manœuvres frauduleuses qui auraient pour objet de dissimuler à leur préjudice une partie du prix, M. Pougeard ne donne à la surenchère aucun effet par rapport à la masse hypothécaire. Ce serait un droit individuel; chaque créancier l'exercerait pour soi, sans aucune relation ni solidarité avec les autres créanciers; ceux qui n'en auraient pas usé seraient déchus, et leurs hypothèques rayées. Cette innovation nous semble défavorable au crédit; en appelant les créanciers inscrits à profiter, par rang d'hypothèque, de l'excédant du prix, on leur donne une position qui augmente leur confiance.

de la forme [illegible]
[illegible]
[illegible]

CHAPITRE IV.

AMÉLIORATIONS A APPORTER DANS L'ORDRE. — SIMPLIFICATION DES
FORMALITÉS. — ABRÉVIATION DES DÉLAIS. — DIMINUTION DES
FRAIS. — DÉVELOPPEMENT DE LA PROPOSITION. — TEXTE.

Toute distribution de prix d'immeuble présente
un concours d'intérêts individuels; mais de ce que
la somme n'est pas suffisante pour donner satisfaction à tous les créanciers, il ne s'en suit pas qu'il
doive en résulter toujours des contestations. Cette
pensée fit introduire la disposition du premier
article du titre de l'ordre (art. 749 du Code de
procédure), « dans le mois de la signification du
jugement d'adjudication, les créanciers et la partie
saisie seront tenus de se régler entre eux sur la
distribution du prix. » Cet article, qui reproduit
textuellement celui du projet de loi, avait été l'objet
d'une observation de la part du Tribunat; sous le
motif que la loi devait se borner à émettre le vœu
d'un règlement amiable entre les créanciers, il avait
proposé de substituer à ces mots : « seront tenus
de se régler » ceux-ci « pourront se régler. » La
rédaction primitive fut maintenue, en raison même

de la forme impérative qui imprimait à la disposition un caractère obligatoire, afin que l'on fût bien convaincu que l'intention du législateur était qu'on essayât, par tous les moyens possibles, de s'accorder, pour éviter les frais d'un ordre judiciaire.

Mais c'était prendre une apparence pour une réalité. Comment une disposition peut-elle être considérée comme obligatoire, s'il n'est pas pourvu à son exécution, et si l'on peut impunément se soustraire à son application. Après une vente d'immeuble, le délai de l'article 749 s'écoule très souvent sans qu'il soit procédé à une tentative d'ordre amiable ; dépourvues de tout moyen d'action, les parties intéressées à la distribution du prix se trouvent réduites au silence. Les créanciers sur lesquels les fonds manquent essaient-ils des démarches pour arriver à un ordre amiable, ils voient bientôt leurs efforts s'anéantir. Si les créanciers, venant en rang utile, répondent à leur appel, il n'en est pas de même de ceux qui ne doivent rien recevoir ; sachant que leurs hypothèques ne leur donnent aucun droit sur le prix, ces derniers s'abstiennent. Alors, comme il ne suffit pas, pour la validité de la distribution du prix à l'amiable, que la majorité des créanciers y ait concouru, qu'il est, au contraire, exigé que tous les créanciers et le saisi, ou vendeur, soient présens et y consentent, en sorte qu'un seul absent ou dissident empêche la distribution d'avoir lieu, la tentative reste sans résultat. Si les créanciers, ne venant pas en rang utile, consentent à intervenir à l'acte de distribution, ils mettent à prix leur consentement, si bien que les créanciers, sur lesquels les fonds manquent, se trouvent placés dans l'alternative, soit de faire le sacrifice d'une partie de leur collocation, qui est déjà inférieure au montant de leur créance, et laisser l'ordre amiable recevoir son exécution, soit de le considérer comme nul et non avenu, et procéder à un ordre judiciaire, s'ils pensent que les frais n'atteindront pas la somme réclamée par le créancier récalcitrant.

Combien d'ordres judiciaires sont dus uniquement à l'existence d'une ou de plusieurs inscriptions ne venant pas en rang utile, et dont les titulaires, tout en ne contestant pas les droits de ceux qui les priment, n'interviennent pas à l'acte de distribution amiable. Pour s'en convaincre, il suffit de se rappeler les faits que l'expérience révèle chaque jour. Quand une déconfiture arrive, on voit les créanciers chirographaires se hâter d'obtenir jugement pour prendre inscription; c'est à qui arrivera le premier pour primer tous les autres. D'après les témoignages unanimes des conservateurs, sur cent inscriptions, soixante-quinze sont prises en vertu de jugemens. Ces jugemens et ces inscriptions, obtenus à grands frais, ne confèrent que des droits illusoires, car un débiteur a depuis longtemps épuisé toutes ses ressources, quand la nécessité l'oblige à manquer à ses engagemens. Les créanciers venus en dernier lieu ne sont pas disposés à reconnaître qu'un droit hypothécaire, si chèrement acheté, doit s'évanouir sans résultat; et quand même il leur est démontré que les créanciers qui les priment absorbent et au-delà le prix en distribution, les regrets que leur cause la perte qu'ils vont essuyer, ne les porte pas à aider de leur concours les créanciers venant en rang utile. Que leur importe si l'ordre se fait judiciairement; ne devant rien recevoir, ils ne se préoccupent pas des frais qu'ils occasionnent, puisque ces frais doivent être prélevés sur le prix à distribuer.

Combien d'ordres amiables échouent par suite des tiraillemens que les créanciers éprouvent sous l'influence de l'opposition d'intérêts de deux classes d'officiers ministériels, les avoués et les notaires! Les premiers sont loin de chercher à rendre possibles les ordres amiables; sont-ils dépositaires de titres dont la remise doive être effectuée entre les mains d'un notaire pour dresser l'état de distribution, ils traînent cette remise en longueur jusqu'à ce que le délai de l'article 749 du Code de procédure soit expiré, et aussitôt après provoquent l'ouverture d'un ordre judiciaire.

Que conclure de ces faits, si ce n'est que le défaut d'entente entre les créanciers est le plus souvent indépendant de toute contestation, et dû à l'indifférence des uns, au calcul intéressé des autres; or, cette indifférence et ce calcul intéressé ne sont pas des motifs suffisans pour faire dégénérer toute distribution de prix d'immeuble en un acte de juridiction entraînant des formalités très coûteuses.

On a tellement multiplié les formalités, qu'aujourd'hui encore il est d'usage, devant certains tribunaux, de soumettre les ordres amiables à l'homologation. C'est là une erreur de pratique, qui a été trop facilement acceptée par MM. Tarrible et Adolphe Chauveau. Elle provient d'un défaut de concordance entre le texte du Code Napoléon et celui du Code de procédure civile. L'art. 2198 du Code Napoléon prévoit le cas où le conservateur, dans le certificat d'inscription délivré à l'acquéreur, a omis des créanciers inscrits, omission qui a placé ce dernier dans l'impossibilité de remplir à leur égard les formalités de purge, et il décide que l'immeuble passera entre les mains de l'acquéreur franc et quitte des créances omises dans le certificat « sans préjudice néanmoins du droit des créanciers de se faire colloquer, suivant l'ordre qui leur appartient, tant que le prix n'a pas été payé par l'acquéreur, ou tant que l'ordre fait entre les créanciers n'a pas été homologué. » Cette dernière partie de l'article reproduit l'ancien principe d'après lequel il ne pouvait y avoir de distribution de prix consommée valablement sans un jugement, principe consacré par la loi en vigueur à l'époque où fut décrété le titre des priviléges et des hypothèques (19 mars 1804). Quand deux ans plus tard on s'occupa du Code de procédure, la formalité de l'homologation disparut du titre de l'ordre, mais l'article 2198 resta intact.

S'il est un principe dont l'application soit rare, c'est celui de l'abrogation tacite en fait de formalités ; la loi à cet égard doit être précise et ne rien laisser à l'interprétation. Comment la commission nommée par le gouvernement a-t-elle pu faire entrer dans le projet de loi sur la réforme hypothécaire l'article 2198, sans y introduire aucun changement ? Indépendamment que cet article sert de prétexte au maintien d'une formalité inutile, l'homologation de l'ordre amiable, il est une cause de difficulté dans l'application quand il s'agit de déterminer le moment précis où le créancier, omis dans le certificat d'inscription, ne peut plus intervenir dans l'ordre.

Les partisans de la multiplicité des formes judiciaires citent toujours à l'appui de leur thèse cette pensée de Montesquieu : « (1) Si vous examinez les formalités de la justice par rapport à la peine qu'a un citoyen à se faire rendre son bien ou à obtenir satisfaction de quelque outrage, vous en trouverez sans doute trop ; si vous les regardez dans le rapport qu'elles ont avec la liberté et la sûreté des citoyens, vous en trouverez souvent peu ; et vous verrez que les peines, les dépenses,

(1) *Esprit des Lois*, Livre VI, chapitre II.

les longueurs, les dangers même de la justice, sont le prix que chaque citoyen donne pour sa liberté. » Ils semblent ne pas s'apercevoir qu'en généralisant cette pensée, en l'appliquant aux matières civiles aussi bien qu'aux matières criminelles, ils lui font perdre de sa justice et de sa vérité. Ils sont contredits par l'éminent publiciste lui-même dont l'esprit profond et sagace, cherchant, mais en vain, à trouver les raisons de toutes les formalités, s'arrêtait indécis au milieu de contradictions sans nombre, tandis que beaucoup de praticiens, ne connaissant une formalité que par l'usage et non par les principes, l'appliquent sans réflexion dans les circonstances les plus diverses. Cette observation lui fit lancer ce trait empreint d'un peu de raillerie et d'humeur : « Quant à mon métier de président (1), j'ai le cœur droit, je comprenais assez les questions en elles-mêmes ; mais quant à la procédure, je n'y entendais rien. Je m'y suis pourtant appliqué ; mais ce qui m'en dégoûtait le plus, c'est que je voyais à des bêtes le même talent qui me fuyait pour ainsi dire. »

Art. 1 et 2. — Il faut rendre à toute distribution de prix d'immeuble son véritable caractère, et la dégager des insignes qui la font assimiler à un acte de juridiction contentieuse, même en l'absence de contestations ; on doit réduire soigneusement les formalités à ce qui est réclamé pour l'exercice

____

(1) Portrait de Montesquieu par lui-même.

des droits des citoyens, ne rien omettre de ce qui
est nécessaire, ne rien prescrire qui ne soit utile.

Voyons ce qui se passe pour les liquidations,
matière difficile embrassant dans son ensemble les
faits les plus variés, les questions juridiques les plus
ardues, les intérêts les plus importans et les plus
dignes de sollicitude, puisqu'il s'agit souvent de l'in
térêt des incapables. Les parties se retirent devant
un notaire, commis par le tribunal, et qui seul, dans
l'intérêt de tous, procède à la fixation des droits de
chacun. Pourquoi n'en serait-il pas de même,
lorsqu'il s'agit de la distribution d'un prix d'immeuble? Ce n'est pas que nous entendions attribuer
à tous les notaires des connaissances juridiques
bien étendues, mais on doit leur reconnaître une
supériorité sur les autres officiers ministériels
pour ce qui touche aux priviléges et aux hypothèques; la pratique leur en rend familiers le
jeu et le mécanisme; ils ont le monopole des cons-
titutions et des mains-levées d'hypothèques; une
personne veut-elle emprunter, c'est au notaire
qu'elle doit s'adresser; une autre veut-elle prêter,
le notaire sert encore d'intermédiaire. Avant de réaliser un prêt, pour se mettre à l'abri de toute responsabilité, il est obligé de se rendre compte de la situation hypothécaire de l'immeuble offert en garantie;
ainsi l'intérêt personnel, le plus impérieux des stimu-
lans, oblige les notaires à s'occuper chaque jour
des difficultés que soulève le régime hypothécaire.

En concentrant entre les mains d'un notaire le soin de convoquer les créanciers, de recevoir leurs titres, de procéder à leur classement d'après le rang des priviléges et des hypothéques, on substituerait un seul intermédiaire à des intermédiaires nombreux, ce qui serait une cause de diminution des frais; on assurerait à la masse des créanciers l'initiative d'un homme compétent, à défaut de laquelle le délai de l'article 749 du Code de procédure s'écoule la plupart du temps en pure perte, retarde d'autant l'ouverture de l'ordre judiciaire et l'époque où les créanciers pourront recevoir le montant de leurs créances. Ce délai serait utilement employé, ce qui serait une cause d'abréviation de la durée de l'opération.

Quel serait le notaire chargé de procéder à l'ordre? Une distribution de prix d'immeuble doit être considérée comme la suite nécessaire d'une vente; tout notaire commis pour effectuer une vente judiciaire serait donc chargé de plein droit d'opérer la distribution du prix. Quant aux ventes amiables, ou effectuées à la barre du tribunal, la nomination du notaire aurait lieu, sans intermédiaire obligé, par le président du tribunal de l'arrondissement de la situation de l'immeuble, sur un registre *ad hoc* déposé au greffe. Cette nomination serait faite dans le double but d'éviter la poursuite simultanée de plusieurs ordres pour un même prix d'immeuble, et de donner à la fonction du notaire le caractère d'un mandat judiciaire; ce dernier ne serait plus, comme aujourd'hui l'avoué poursuivant, soumis à la volonté d'une partie qui, pouvant à son gré révoquer le mandat qu'elle a donné, le tient en quelque sorte sous sa dépendance.

La loi actuelle fait à l'avoué poursuivant une situation assez étrange, il est choisi non par la masse des créanciers, mais désigné par un seul, celui qui le premier se présente au greffe; il ne prend pour guide dans cette désignation que son intérêt personnel, aussi l'avoué poursuivant est-il avant tout le représentant des droits de ce créancier. Qu'une opposition d'intérêts vienne à s'élever entre ceux de la masse et ceux de ce créancier, la masse n'a pas à compter sur le concours de l'avoué poursuivant, il se trouve placé dans une position trop délicate relativement à la partie qui lui a confié sa défense; et si, comme il arrive souvent, l'avoué poursuivant représente, dans le même ordre, deux, trois parties et même plus, son rôle se complique. Alors devient complètement illusoire pour la masse le droit, qui lui est conféré, de prendre communication de toutes les productions, et de contredire, s'il y a lieu, droit pour lequel le tarif lui alloue, dans tous les cas, par chaque production, une vacation de 5 fr. à Paris et de 3 fr. 75 cent. dans le ressort, qu'il fasse ou non des contestations.

En laissant au président du tribunal la désignation du notaire, on obtiendrait une nomination dégagée de toute préoccupation personnelle ; il en résulterait, pour le notaire, plus de liberté d'action dans l'accomplissement de sa mission, plus d'indépendance dans l'appréciation des droits de chacun, et en même temps cette nomination serait une garantie de la capacité de celui qui en serait l'objet.

Art. 3. — Quel est le tribunal devant lequel l'ordre doit être poursuivi? Le Code de procédure est muet sur cette question. Cette lacune a été remplie par l'article 4 de la loi du 14 novembre 1808 : « Les procédures relatives tant à l'expropriation forcée qu'à la distribution du prix des immeubles seront portées devant les tribunaux respectifs de la situation des biens. » Cette loi met les créanciers dans la nécessité de suivre autant d'ordres qu'il y a d'immeubles situés dans des arrondissemens différens ; cependant il arrive souvent que des immeubles, bien que situés dans des arrondissemens différens, font partie d'un même domaine, sont grevés des mêmes hypothèques. L'intérêt des créanciers et du débiteur réclame un seul ordre, pour éviter la multiplicité des frais et les difficultés de produire presque en même temps les mêmes titres devant des tribunaux différens. Il peut même arriver qu'un immeuble soit situé, partie dans un arrondissement et partie dans un autre ; de là naît la difficulté de savoir devant quel tribunal la distribution du prix doit être portée. La loi du 11 brumaire an VII y avait pourvu ; aux termes de l'article 31, en cas d'aliénation, par un même acte, de biens situés dans plusieurs départemens, l'ordre devait être poursuivi devant le tribunal dans l'arrondissement duquel se trouvait située la partie des biens à laquelle la matrice du rôle de la contribution foncière attribuait le plus de revenu. Il est utile de reproduire cette disposition pour ne laisser aucune incertitude dans la pratique, et pour substituer un ordre unique à la multiplicité des ordres.

Art. 4. — Le notaire se ferait délivrer par le conservateur des hypothèques l'état des inscriptions et ferait sommer les créanciers de produire par acte signifié par huissier, au domicile élu dans les inscriptions. Aujourd'hui cette sommation a lieu, à la volonté du poursuivant, à une époque plus ou moins éloignée de la délivrance de l'état des inscriptions ; s'il est négligent, la masse des créanciers en souffre. En pareille matière, il est nécessaire que rien ne soit abandonné au hasard ; il faut donc prescrire l'accomplissement de cette formalité dans un délai déterminé, celui de dix jours serait suffisant.

La loi ne fait nulle part mention de la mise en cause de l'acquéreur, et de ce que ce dernier n'a pas été appelé à l'acte de distribution du prix, il en résulte souvent des difficultés, lorsqu'il s'agit de procéder au paiement des créances, en exécution de l'état définitif. Des acquéreurs, après s'être libérés de leur prix en exécution de clauses du cahier des charges, se sont trouvés sous le coup de poursuites de folle-enchère en vertu de bordereaux délivrés dans des ordres auxquels ils n'avaient pas été appelés. La plupart du temps l'acquéreur a un prélèvement à opérer sur son prix d'adjudication, pour des frais privilégiés; en cette qualité il est un véritable créancier, l'étendue et le rang de son droit doivent être appréciés, déterminés en même temps que l'étendue et le rang des droits des autres créanciers, d'où la nécessité d'appeler l'acquéreur à toute distribution de prix d'immeuble.

La requête à fin d'être autorisé à sommer les créanciers de produire, et l'ordonnance accordant cette autorisation (art. 752 et 753 du Code de procédure) sont des formalités oiseuses, en présence des termes impératifs de l'article 4 : « Dans les dix jours de la délivrance de l'état des inscriptions, les créanciers seront sommés de produire, etc...; » elles doivent être retranchées. Ce retranchement a son importance, puisqu'il opère une diminution d'environ 30 fr. sur les frais (V. le tableau, p. 275).

La sommation faite, l'original en serait remis au notaire qui ouvrirait le procès-verbal, cet original y serait annexé ainsi que l'état des inscriptions. Ces deux pièces sont la base de l'opération et servent à en constater la régularité; elles doivent toujours être à la libre disposition des intéressés pour qu'ils puissent les consulter simultanément, tandis qu'aujourd'hui le procès-verbal d'ordre, l'état des inscriptions et l'original de la sommation se trouvent dispersés au greffe du tribunal et en l'étude de l'avoué poursuivant.

Art. 5. — Dans les trente jours de la sommation, les créanciers déposeraient leurs titres entre les mains du notaire et requerraient leur collocation. Cette réquisition aurait lieu par un dire inséré à la suite du procès-verbal ; ce dire, rédigé par le notaire, contiendrait d'une manière détaillée les sommes réclamées en principal, intérêts et frais, serait daté et signé par le notaire et par le créancier ; si ce dernier ne pouvait et ne savait signer, il en serait fait mention. Toutes ces dispositions s'expliquent d'elles-mêmes, elles ont pour but d'assurer la régularité des productions et de préparer les bases du travail.

Dans le rapport présenté sur l'administration de la justice en France pendant l'année 1851, M. le ministre de la justice reproduit les plaintes consignées dans son rapport de l'année précédente sur la lenteur des procédures d'ordre (1) : « La lenteur avec laquelle ces procédures se règlent, dans presque tous les siéges, est d'autant plus déplorable que les intérêts qu'elles tiennent en suspens sont très importans. La somme à distribuer, dans les 14,379 procédures qui attendaient règlement à

(1) *Moniteur* du 15 novembre 1853.

la fin de l'année 1851 , ne s'élevait pas ensemble à moins de 150,000,000 de fr. Aviser aux moyens de rendre plus prompte la marche de ces procédures, est l'un de mes soins constans. Je ne cesse de recommander la célérité , et surtout de prévenir les retards causés souvent par la mauvaise volonté ou la négligence des officiers ministériels. » Ces résultats sont la conséquence inévitable de la loi, dont plusieurs dispositions sont habilement exploitées par l'intérêt individuel au préjudice de l'intérêt collectif.

L'article 757 du Code de procédure facilite la négligence ou la mauvaise foi et retarde indéfiniment la fin de la distribution. Un créancier, qui n'aurait pas produit dans les trente jours de la sommation, devrait être forclos de plein droit et d'une manière irrévocable. Quel est celui qui pendant ce délai, à moins d'une négligence extrême, n'a pas le temps d'effectuer sa production? Est-il à craindre que l'officier ministériel, chez lequel il a fait élection de domicile, ne lui donne pas connaissance de la sommation? Mais un pareil oubli engagerait sa responsabilité, et on doit être assuré qu'il mettra d'autant plus de diligence dans l'accomplissement de cette mission, que tout retard pourra motiver contre lui un recours en garantie.

Les mois, si on les considère dans l'ordre de leur succession, présentent des variations dans le nombre des jours ; par suite, la dénomination d'un mois pour la fixation d'un délai présente des difficultés dans l'application, lorsqu'un délai commençant dans un mois se termine dans le cours du suivant. En raison même de la déchéance attachée au défaut de production dans le délai marqué par l'art. 5, il faut déterminer ce délai d'une manière qui ne laisse aucune ouverture à des interprétations diverses, et substituer à ces mots de l'art. 754 « dans le mois de la sommation » ceux-ci : « dans les trente jours de la sommation. »

Art. 6. — L'article 755 du Code de procédure ordonne la confection et la dénonciation de l'état de collocation, mais il ne détermine aucun délai pour l'accomplissement de ces deux formalités ; cette lacune est encore une cause de la lenteur avec laquelle les ordres se poursuivent.

Dégagé du stimulant provoqué par une pénalité qui serait encourue en cas de négligence, on consacre généralement dans la pratique à l'accomplissement de ces deux formalités un temps bien long. Très souvent on voit un délai d'un mois, six semaines, deux mois même s'écouler entre l'expiration du délai de production et la dénonciation de l'état de collocation ; ce délai est bien supérieur à celui que réclame un semblable travail. Sans déranger le notaire de la marche de ses affaires, on pourrait l'obliger à dresser l'état de collocation dans les neuf jours qui suivraient l'expiration du délai de production, et pour être assuré de son exactitude dans l'observation de cette disposition, il n'y aurait qu'à le rendre passible d'une amende en cas d'inexécution. Une amende en pareille circonstance n'a rien d'exorbitant; la législation en offre plus d'un exemple: c'est ainsi qu'aux termes de l'art. 68 du Code de commerce, le notaire qui a reçu le contrat de mariage d'un commerçant, est tenu, sous peine de cent francs d'amende, de le transmettre par extrait, dans le mois de sa date, aux greffes et chambres désignés par l'art. 872 du Code de procédure.

La suppression des productions tardives et la fixation d'un délai pour dresser l'état de collocation auraient pour effet de donner un caractère de fixité tel à l'époque de la confection de cet état provisoire, qu'elle pourrait être indiquée dans l'acte même portant sommation de produire; les créanciers auraient l'assurance que, quarante jours après la sommation de produire, ils pourraient se présenter en l'étude du notaire pour prendre communication de son travail. Ces deux formalités, sommation de produire et dénonciation de l'état de collocation, au lieu d'être remplies par deux actes, pourraient l'être par un seul; il en résulterait une économie (voir le tableau page 275). Aujourd'hui deux actes distincts sont rendus nécessaires, uniquement par l'étendue du délai qui s'écoule entre la sommation de produire et la dénonciation de l'état de collocation, étendue qui varie d'un cas à un autre.

Pour prémunir contre toute surprise un créancier qui, peu soigneux de ses intérêts, oublierait l'époque marquée par la sommation pour prendre communication de l'état de collocation, on introduirait un mode d'avertissemeut qui n'apporterait ni retard dans la marche de l'opération, ni augmentation dans les frais; il aurait lieu par lettre. Pour se convaincre de l'efficacité d'un semblable mode d'avertissement, il suffit de considérer qu'il est le seul employé en matière de faillite pour convoquer les créanciers à la distribution du prix des valeurs mobilières, matière où les intérêts engagés sont nombreux. Ainsi, les 13,496 faillites terminées de 1846 à 1850, par concordat ou liquidation de l'union, représentaient un passif de 866,313,938 de fr. et un actif de 375,656,936 de fr., dans lequel les valeurs mobilières représentaient un capital de 255,398,623 de fr.

Il est un exemple d'avertissement par lettre qui se rattache plus directement encore à la question. Aux termes de l'article 2154 du Code Napoléon, l'inscription est périmée, si elle n'est renouvelée avant l'expiration des dix années qui suivent sa date, disposition qui est cause de la perte d'un grand nombre de créances, soit par un oubli de la part du créancier, soit par la négligence d'un mandataire chargé du renouvellement. Par un règlement du 19 novembre 1821, le canton de Genève, en attendant une loi générale sur les priviléges et les hypothèques, a pourvu aux inconvéniens résultant de cet article : chaque mois le conservateur doit avertir les créanciers dont les inscriptions se périmeront deux mois plus tard, de l'époque à laquelle la péremption de leurs inscriptions sera encourue, et de la nécessité du renouvellement avant cette époque pour conserver leur rang. Ce règlement a eu un plein succès ; on ne voit jamais, dans le canton de Genève une inscription tomber en péremption par défaut de renouvellement décennal.

Art. 7 et 8. — Le jour de la comparution arrivé, les parties se présenteraient : ce seraient d'un côté les créanciers produisans, de l'autre, le vendeur ou saisi ; quant à ceux qui n'auraient pas produit, il n'y aurait plus à s'en occuper, ils seraient déchus de leur droit hypothécaire. Que se passerait-il? Les parties prendraient connaissance du travail du notaire ; s'il faisait une appréciation exacte de leurs droits, elles l'approuveraient. Surviendrait-il des différens, elles trouveraient dans le notaire un conciliateur éclairé ; l'examen qu'il aurait fait de leurs titres, la connaissance qu'il aurait acquise de leurs droits le mettraient à même de remplir cet office. Il dresserait, séance tenante, l'état définitif dans lequel il comprendrait les créanciers en commençant par les premiers en rang, puis il continuerait jusqu'à ce que le montant des collocations se balan-

çât avec le montant de la somme mise en distribution, et ferait mention des inscriptions des créanciers
ne venant pas en degré utile.

Ces formalités une fois remplies par le notaire,
il interviendrait un fonctionnaire de l'ordre judiciaire, le président du tribunal de l'arrondissement
de la situation de l'immeuble; l'intervention de ce
magistrat aurait pour objet de garantir par un contrôle sérieux la régularité de l'acte de distribution,
et de donner aux femmes, aux mineurs et aux incapables dont les intérêts sont souvent engagés dans
les ordres, la protection de la justice. Après avoir
vérifié qu'il ne s'est glissé aucune erreur, qu'il n'a
été commis aucune irrégularité, le président décla-
rerait exécutoire l'état définitif dressé par le notaire.

Prononcer la main-levée des inscriptions des
créanciers non produisans et de ceux non colloqués
en rang utile, ordonner la radiation de ces inscriptions, sont des actes de l'autorité judiciaire qui
ne peuvent être mis au nombre des attributions d'un
notaire. Ces formalités seraient remplies par le président, qui préalablement vérifierait si les créanciers non compris en l'état définitif auraient été
régulièrement sommés; enfin il serait chargé d'une
troisième fonction, celle de procéder à la liquidation
des frais dus au notaire et à chacun des créanciers.

L'accomplissement de ces formalités consisterait
en une ordonnance rendue, sans frais, à la suite

de la minute de l'état définitif, et cette ordonnance
ferait mention, d'une manière distincte, du montant de la taxe pour chaque créancier.

Art. 9. — L'état définitif, ainsi complété par l'ordonnance du président, serait transmis au notaire
avec toutes les pièces ; il s'agirait, pour l'acquéreur, de verser son prix entre les mains des créanciers utilement colloqués, et pour ces derniers, de
donner main-levée de leurs inscriptions en rece-
vant le montant de leurs créances. Les uns et les
autres se rendraient chez le notaire qui, à la suite
de la minute de l'état définitif, constaterait les paiemens effectués et les mains-levées d'hypothèques
données par les parties recevantes.

L'époque du paiement ne doit pas être abandonnée à la discrétion de l'acquéreur qui souvent
a intérêt à le traîner en longueur ; le poursuivant
lui ferait signifier une sommation de payer, qui le
constituerait en demeure à l'égard des créanciers ;
trois jours après, à défaut de paiement, chaque
créancier pourrait poursuivre l'acquéreur par la
voie de folle-enchère. Avec cette manière de procéder, disparaîtrait tout l'attirail des bordereaux
de collocation et de leurs significations.

Art. 10. — Le débiteur, qui paie le montant
d'une obligation, a soin d'exiger que la grosse lui
en soit remise, afin d'éviter qu'à une époque plus
ou moins éloignée, un créancier peu délicat ne
s'en serve pour exercer des poursuites, soit contre

lui ou ses auteurs, soit contre ses co-débiteurs. Quand les paiemens ont lieu en exécution d'un état définitif d'ordre, ils sont faits par l'acqué-reur et le plus souvent en l'absence du débiteur lui-même; pour sauvegarder ses intérêts, il est nécessaire d'exiger que les titres de créances entièrement acquittées, par l'effet des collocations, restent entre les mains du notaire pour être remis au saisi ou vendeur, à première réquisition, et qu'à l'égard des créances acquittées en partie, il soit fait mention sur les titres de la somme payée.

Art. 11 et 12. — Sur quelles justifications le con-servateur opérera-t-il la radiation des inscriptions? Aux termes de l'article 2157 du Code Napoléon (1), les hypothèques ne peuvent être rayées, qu'en vertu d'un jugement rendu en dernier ressort, ou passé en force de chose jugée. L'art. 548 du Code de pro-cédure (2) ne fait une obligation au conservateur d'opérer la radiation, même après les délais d'op-position ou d'appel, que sur le certificat de l'avoué

(1) « Les inscriptions sont rayées du consentement des parties intéressées et ayant capacité à cet effet, ou en vertu d'un jugement en dernier ressort ou passé en force de chose jugée ».

(2) « Les jugemens qui prononceront une main-levée, une radia-tion d'inscription hypothécaire ne seront exécutoires par les tiers ou contre eux, même après les délais de l'opposition ou de l'appel, que sur le certificat de l'avoué de la partie poursuivante, contenant la date de la signification du jugement faite au domicile de la partie condamnée, et sur l'attestation du greffier constatant qu'il n'existe contre le jugement ni opposition ni appel. »

de la partie poursuivante, contenant la date de la signification du jugement faite au domicile de la partie condamnée, et sur l'attestation du greffier constatant qu'il n'existe contre le jugement ni opposition ni appel. Aujourd'hui, pour obtenir la radiation des inscriptions non utilement colloquées, on agit comme pour l'exécution d'un jugement, on joint à l'extrait de l'état définitif les certificats énoncés dans l'article 548. L'état définitif ne pouvant pas être signifié, le certificat délivré par l'avoué est sans objet, et celui délivré par le greffier n'est pas davantage nécessaire. En effet, si l'état définitif est frappé d'opposition, il suffira à l'opposant de notifier son opposition au conservateur, s'il veut empêcher la radiation des inscriptions. Les frais de ces deux certificats s'élèvent à 8 fr. 80 cent. ; comme il y a en moyenne annuellement de huit mille à neuf mille états définitifs, ce serait, par année, une économie de 65,000 à 70,000 fr., toute déduction opérée des frais de signification aux conservateurs; ces frais, au surplus, seraient minimes, le nombre des oppositions, comparé à celui des états définitifs, étant très restreint.

Ce qui se passe à l'égard du conservateur des hypothèques, a lieu également à l'égard du dépositaire, si le prix a été consigné; le paiement des collocations n'est effectué que sur la représentation de deux certificats délivrés, l'un par l'avoué poursuivant, l'autre par le greffier. La nécessité de ces deux certificats ne nous paraît pas plus exister pour ce second cas que pour le premier, ils doivent être supprimés. Pour empêcher le paiement des collocations, l'opposant n'aura qu'à notifier son opposition au dépositaire des deniers.

Indépendamment des certificats exigés par le conservateur des hypothèques et par le dépositaire des deniers, l'article 548 reçoit encore son application toutes les fois qu'il est procédé à un état définitif en exécution d'un jugement; il faut représenter deux certificats constatant, l'un que le jugement a été signifié, l'autre qu'il n'a été frappé ni d'opposition, ni d'appel. Le premier est une superfétation, puisque l'original de la signification est relaté dans l'état définitif; le second devient inutile si l'on oblige l'appelant de faire mentionner son appel sur le procès-verbal d'ordre.

Au moyen de ces dispositions d'une application facile, on débarrasserait la poursuite d'ordre de cette multiplicité de certificats dont les frais pour un seul prix d'immeuble peuvent s'élever jusqu'à 26 fr. 40 c.

Tel est le mode de procéder au moyen duquel pourraient être mis à fin tous les ordres judiciaires qui se terminent aujourd'hui sans contestation. Avant d'aller plus loin, il n'est pas inutile de présenter le tableau des économies qui en résulteraient.

Formalités retranchées.

	Paris.		Dans le ressort	
1° Vacation pour requérir la nomination du juge-commissaire (art. 130, Tarif civil)	6	»	4	50
2° Requête au juge-commissaire pour obtenir son ordonnance portant que les créanciers seront tenus de produire (art. 131, Tarif civil).............	3	»	2	25
3° Timbre et enregistrement de l'ordonnance, décime compris (loi du 28 avril 1816)	3	65	3	65
4° Expédition de la requête et de l'ordonnance......................	7	»	7	»
5° Copie de la requête et de l'ordonnance signifiée en tête de la sommation de produire, quatre rôles par chaque copie, en moyenne, douze copies par ordre, à 30 ou 25 cent. (art. 72, § 2, Tarif civil)......................	14	40	12	»
6° Droits de greffe pour productions (1)..	16	50	16	50
7° Droits de greffe pour communication de l'état provisoire de collocation.......	7	50	7	50
8° Dénonciation de l'état provisoire de collocation aux créanciers et au vendeur ou saisi.....................	28	25	24	90
9° Vacations des avoués produisans pour prendre communication dudit état.....	100	»	75	»
10° Vacations de l'avoué poursuivant pour prendre communication des productions et contredire (art. 135, Tarif civil).......................	50	»	37	50
11° Vacations des avoués produisans à la délivrance des bordereaux de collocation.	50	»	37	50
12° Emolumens des greffiers pour transcrire sur timbre les états de collocation provisoire et définitif (2).............	12	50	12	50
13° Bordereaux de collocation délivrés, en moyenne, au nombre de six par chaque ordre.....................	(3)108	»	108	»
14° Signification des bordereaux.........	45	30	39	90
15° Certificats.....................	8	80	8	80
Totaux........	460	90	397	50

(1) Le nombre des productions dans un ordre s'élève en

Tout en réalisant cette énorme diminution dans les frais, le notaire serait équitablement indemnisé de son travail par l'allocation des droits tels qu'ils sont déterminés par le tarif actuel pour chaque production, la délivrance de l'état des inscriptions et la radiation des hypothèques, puisque ces droits produisent en moyenne 150 fr. d'émolumens.

Sous le rapport de la rapidité de la marche de l'opération, le mode de procéder qui vient d'être développé présente des avantages.

Sous l'empire de la loi actuelle, l'ordre ne s'avance qu'au gré du poursuivant; il n'y a de délai prescrit, ni pour prendre l'ordonnance du juge commissaire, ni pour faire aux créanciers la sommation de produire, ni pour dresser l'état de collocation provisoire, ni pour le dénoncer, etc., l'ordre est complètement abandonné à la discrétion de la partie poursuivante pour l'accomplissement de chaque formalité. De la délivrance de l'état des inscriptions à la confection de l'état définitif il s'écoule le plus souvent cent trente jours, auxquels il faut

moyenne à dix ; ce chiffre a été pris pour base de la fixation des sommes relatives aux articles 6, 7, 8, 9, 10, 11 et 12 du tableau. (2) Les états de collocation sont d'abord préparés par l'avoué poursuivant, puis soumis au juge-commissaire qui, après les avoir approuvés ou modifiés, les fait transcrire sur timbre par le greffier ; l'usage s'est introduit d'allouer pour ce travail des émolumens qui s'élèvent à 1 fr. 25 c. environ par chaque production. (3) Dans ce chiffre n'est pas compris le droit proportionnel de 25 c. p. 0/0 perçu sur le montant de chaque créance colloquée.

ajouter les trente jours de l'article 749 du Code de procédure, au total cent soixante jours ; s'il arrive une production tardive, ce délai se trouve encore augmenté de quarante-cinq jours. Il s'écoule donc en définitive un délai de sept mois avant que les créanciers puissent toucher le montant de leurs collocations, même dans le cas où il ne s'est élevé aucune contestation ; ce délai serait réduit à soixante-dix jours, résultat qui mérite d'être pris en considération.

Art. 13, 14, 15 et 16. — On ne peut espérer voir tous les ordres se terminer avec une pareille simplicité de formes. Le notaire peut se trouver dans l'impossibilité d'arrêter définitivement l'état de collocation, soit à cause de la non-comparution d'un créancier produisant au jour déterminé par les articles 4 et 6, soit en raison de l'existence d'une contestation au sujet de laquelle il n'aura pu mettre les parties d'accord ; il faut pourvoir à ces éventualités en faisant concourir au but à atteindre les formalités déjà remplies.

Quelle est en ce moment la situation de l'opération ? Les créanciers ont été régulièrement sommés, les réquisitions à fin de collocation ont été faites, les créanciers non produisans ont encouru irrévocablement la forclusion. Le notaire transmettrait les pièces au greffe du tribunal, le lendemain du dépôt, le greffier ferait commettre un juge, cette nomination aurait lieu, sans frais, par une ordonnance insérée à la suite du procès-verbal d'ordre, le greffier remettrait immédiatement le procès-verbal et les titres produits au juge commissaire, qui serait tenu de dresser l'état provisoire de collocation dans les dix jours qui suivraient la date de sa nomination.

Dans l'état actuel des choses, ce magistrat dresse cet état sur l'examen des productions en suivant ses seules inspirations ; ignorant tel fait ou tel acte, il insère dans l'état de collocation une disposition erronée qui provoque une contestation et rend nécessaire l'intervention du tribunal. Mais avec le mode proposé, le juge commissaire trouverait dans le travail préparatoire du notaire, et surtout dans le dire contenant un exposé exact des prétentions respectives des parties, des documens utiles qui provoqueraient son attention et lui permettraient d'asseoir plus sûrement son opinion ; par ce moyen beaucoup de difficultés seraient aplanies sans jugement.

Pour stimuler les créanciers négligens et rendre très circonspects ceux qui élèvent inconsidérément des contestations, on mettrait tous les frais postérieurs au dépôt des pièces au greffe à la charge de ceux qui, par une contestation reconnue ultérieurement mal fondée, ou par un défaut de comparution, auraient mis le notaire dans l'impossibilité d'arrêter définitivement l'état de collocation.

Art. 17 et 18. — L'état provisoire de collocation étant dressé, le juge commissaire en avertirait im-

médiatement par lettre l'avoué de la partie poursuivante, et, dans les dix jours de cet avertissement,
sommation de prendre communication de cet état
serait faite aux avoués des créanciers produisans
et au vendeur ou saisi. Dans la prévision que la
distribution du prix peut passer par cette phase de
la procédure, il serait enjoint à chaque créancier
de constituer un avoué dans sa demande en collocation, faite dans les termes de l'article 5 ; cette
constitution ne donnerait ouverture à un droit au
profit de l'avoué que dans le cas où le notaire ne
pourrait dresser l'état définitif de collocation, et ce
droit serait celui alloué par l'article 135 du tarif
civil. Le droit de production, tel qu'il est déterminé par l'article 133 du tarif civil, resterait acquis
au notaire.

Le seul moyen d'assurer à l'ordre une marche
rapide est de déterminer le délai dans lequel chaque
formalité doit être remplie ; les lacunes de la loi
sous ce rapport se traduisent en de tristes résultats révélés par les statistiques officielles : « Le
quart à peine des ordres sont terminés dans les
six mois de leur ouverture. » C'est pourquoi les
articles 4, 5, 6, 8, 9, 13, 15, 16, 17, 18 et suivans précisent le délai dans lequel chaque formalité
serait accomplie.

Aux termes de l'article 755 du Code de procédure, les créanciers produisans ont un mois pour
prendre communication de l'état provisoire de collocation et le contester ; sans que les intérêts des

créanciers aient à en souffrir, ce délai peut être abrégé et ramené à celui de quinzaine, tel qu'il est prescrit par l'article 663 du même code pour la distribution du prix des valeurs mobilières.

Art. 19. — L'article 756 du Code de procédure ne parle que des créanciers produisans, il passe sous silence le saisi ou vendeur; on en a conclu que la forclusion ne s'étendait pas à celui-ci parce que les déchéances sont de droit étroit. Pour dissiper toute incertitude le texte de l'article doit être complété.

Art. 20, 21, 22, 23 et 24. — L'état définitif étant dressé par le juge commissaire, il s'agit de porter à la connaissance de l'acquéreur les noms des créanciers utilement colloqués et le montant de la somme revenant à chacun d'eux. Sous l'empire de la loi actuelle, le greffier délivre un bordereau de collocation à chaque créancier qui le signifie à l'acquéreur.

L'expédition du bordereau, non compris le droit proportionnel de 25 cent. pour cent perçu sur le montant des collocations, coûte en moyenne. . . . . 18 »
La signification à l'acquéreur. . 7 55

Total. . . . 25 55

Supposons six créanciers, c'est une somme de 153 fr. 30 cent. qui est prélevée sur le dernier créancier, non compris le droit proportionnel de 25 cent. pour cent.

Ces bordereaux et ces significations présentent un exemple frappant de la multiplicité des écritures qui sont faites souvent sans aucune utilité. La première moitié des rôles de chaque bordereau est consacrée à reproduire les mêmes énonciations de l'état définitif, la seconde reproduit chaque collocation sous deux formes différentes ; c'est un véritable travail que de rechercher, au milieu de toutes ces écritures, les fractions de l'état définitif à l'aide desquelles on peut recomposer le rang des créanciers. Une seule formalité pourrait suffire. Le greffier délivrerait un extrait contenant la désignation des créanciers et les sommes qui leur auraient été respectivement attribuées, cet extrait serait signifié à l'acquéreur; la délivrance de cet extrait et la signification ne coûteraient pas en moyenne plus de 40 fr. On devrait enjoindre au greffier de délivrer cet extrait immédiatement et au plus tard dans les dix jours de la date de l'état définitif ; il devrait en être de même, dans un but de célérité, pour la délivrance de l'extrait contenant les inscriptions des créanciers non colloqués et dont la radiation aurait été ordonnée par l'état définitif.

La signification du premier extrait constituerait l'acquéreur en demeure de payer à l'égard de tous les créanciers ; et trois jours après, chaque créancier pourrait, à défaut de paiement, poursuivre l'acquéreur par la voie de folle-enchère, conformément aux articles 735 et suivans du C. de P.

Après avoir montré l'ordre traversant, dans des cas déterminés, une seconde phase de formalités, il reste à faire apprécier les avantages réalisés sous le rapport de la diminution des frais et de l'abréviation des délais, comparativement aux frais et aux délais qu'entraîne la loi en vigueur. Au lieu de 460 fr. 90 c., à Paris, et de 397 fr. 50 c., dans le ressort, frais nécessités par les articles 752 et suivans du C. de P., non compris les frais de production qui resteraient les mêmes (V. le tableau, p. 275), ce ne serait plus que 194 fr. 75 c. et 163 fr. 95 c.

	Paris.		Dans le ressort	
1° Vacation du notaire pour le dépôt des pièces au greffe....................	9	»	9	»
2° Dénonciation de l'état provisoire de collocation aux avoués des créanciers produisans et au vendeur ou saisi.......	28	25	24	90
3° Vacations des avoués pour prendre communication de cet état.............	100	»	75	»
4° Emolumens du greffier pour transcrire sur timbre les états de collocation.....	12	50	12	50
5° Vacation de l'avoué du poursuivant pour la délivrance de l'extrait de l'état définitif............................	5	»	3	75
6° Expédition de l'extrait et signification..	40	»	38	80
TOTAUX............	194	75	163	95

Les avantages réalisés quant à la célérité du mouvement de l'ordre ont aussi leur importance.

Sous l'empire de la loi actuelle, il s'écoule entre l'époque de la délivrance de l'état des inscriptions et celle de la confection de l'état définitif, y compris les trente jours de l'article 749, cent soixante jours, chiffre qui, en cas de production tardive, s'augmente de quarante-cinq jours, au total deux cent cinq jours. Ce délai se trouverait réduit à cent sept jours.

Art. 25. — Malgré l'intervention successive du notaire et du juge-commissaire pour concilier les différens qui peuvent s'élever, on ne peut espérer les voir tous se terminer à l'amiable. L'intérêt parfois passionne, aveugle, et l'on ne s'arrête désarmé que devant l'autorité de la chose jugée.

Comment alors seraient instruites et jugées les contestations? Elles se feraient par une déclaration insérée à la suite de l'état de collocation et seraient motivées. Cette disposition serait d'une grande utilité, en mettant le créancier contesté à même, en consultant le procès-verbal, de connaître, d'apprécier les motifs à l'aide desquels on entend anéantir ses prétentions en totalité ou en partie, et d'adhérer à la contestation s'il reconnaît qu'elle est fondée. Aujourd'hui, au contraire, où le contredit n'est soumis à aucune condition, il est souvent fait avec un laconisme regrettable; on se contente de désigner la créance contestée sans donner la moindre indication. Le créancier, que le contredit concerne, recherche en vain s'il porte sur le rang du privilége ou de l'hypothèque, sur le montant de la collocation, sur la nullité de l'inscription ou du titre, etc...

Art. 26. — L'usage universellement admis est de mettre toujours en cause le saisi ou vendeur; cependant, dans un très grand nombre de cas, les contestations ne sont élevées ni par lui ni contre lui et ne concernent que les créanciers entre eux; pourquoi le contraindre à prendre une part active aux débats, quand par son silence il a ratifié tacitement toutes les dispositions relatives à la distribution du prix. Cet usage s'est introduit en appliquant par voie d'analogie les dispositions de l'article 667 du Code de procédure, relatif à la distribution du prix des valeurs mobilières; mais le principe consacré par cet article n'est pas, dans sa généralité, à l'abri de toute critique.

Art. 27 et 28. — Les développemens relatifs à ces articles sont consignés p. 218, 219, 226 et suivantes.

Art. 29, 30 et 31. — L'article 763 du Code de procédure, concernant à l'appel, présente dans l'application plusieurs difficultés qui sont une source de procès; ainsi ces mots : « outre un jour par trois myriamètres de distance » sont interprétés diversement par la jurisprudence. Pour déterminer l'augmentation du délai de l'appel, on prend tantôt la distance entre le domicile de l'appelant et le domicile de l'intimé, tantôt celle entre le lieu où siége le tribunal d'où émane la sentence et le domicile de l'appelant, tantôt non seulement la distance existant entre le lieu où siége ce tribunal et le domicile de l'appelant, mais encore celle qui sépare le domicile de celui-ci du domicile de l'intimé. Parmi ces opinions, celle qui prend la distance entre le domicile de l'appelant et le lieu où siége le tribunal d'où émane la sentence, nous semble plus conforme à l'esprit du principe général qui règle l'augmentation des délais, surtout si on ordonne la signification de l'appel au domicile de l'avoué de l'intimé, principe déjà consacré pour les incidens des ventes judiciaires d'immeubles.

Ce même article 763 prescrit, dans l'acte d'appel, l'énonciation des griefs, mais l'ambiguité de sa rédaction est telle que la plus grande incertitude règne sur la question de savoir s'il a été dans l'intention du législateur de faire de l'énonciation des griefs une condition *sine quâ non* de la validité de l'appel.

Les variations de la jurisprudence font désirer un texte clair, précis, à l'abri des controverses. A ces mots : « outre un jour par trois myriamètres de distance du domicile réel de chaque partie, » devraient être substitués ceux-ci : « outre un jour par trois myriamètres de distance entre le domicile réel de l'appelant et le lieu où siége le tribunal d'où émane la sentence. » L'énumération des conditions que doit remplir l'acte d'appel devrait être terminée par ces mots : « le tout à peine de nullité, » afin d'attacher au défaut de l'énonciation des griefs la peine de la nullité de l'acte d'appel. Cette énonciation est très utile et remplit un triple but ; elle prévient l'effet de la légèreté et de la précipitation, en forçant l'appelant de consulter avant d'interjeter appel, elle instruit immédiatement l'intimé des motifs de l'appel, enfin elle diminue les frais en rendant inutile, de la part de l'appelant, toute écriture postérieure.

Art. 32. — Les distributions de prix d'immeubles tiennent en suspens, chaque année, des intérêts de la plus grande importance ; ainsi les ordres terminés en 1850 représentaient un capital de 118,627,584 fr. à distribuer ; ceux terminés en 1851, un capital de 128,152,757 fr. L'intérêt public, aussi bien que l'intérêt privé, réclame de la célérité dans ces opérations ; si des contestations viennent à en arrêter le cours, il faut qu'elles reçoivent promptement une décision. On rencontre de temps en temps des circulaires ministérielles appelant l'attention des magistrats sur ce point, mais il est préférable d'en faire l'objet d'une disposition législative ; un texte de loi est toujours observé d'une manière plus exacte et surtout plus durable que ne l'est une circulaire.

Art. 33. — Les développemens de cet article sont à la page 224.

Art. 34 et 35. — Le prélèvement des frais de contestation est une cause permanente de préjudice pour les créanciers sur lesquels les fonds manquent. Il faut, pour ces frais, revenir aux règles communes à toutes les causes, statuer conformément aux art. 130 et 131 du Code de procédure, et défendre de la manière la plus expresse, qu'en aucun cas, ni sous aucun prétexte, ils puissent être pris sur les deniers mis en distribution (V. p. 202 et 220.).

Art. 36. — Aussitôt que le jugement intervenu sur les contredits a acquis l'autorité de la chose jugée, ou en cas d'appel, aussitôt que l'arrêt a été signifié, le juge-commissaire peut procéder à l'état définitif. Il faut déterminer l'époque à partir de laquelle le juge peut commencer son travail et le délai dans lequel il doit le mener à fin, dispositions qui ont leur importance, mais auxquelles l'art. 767 du C. de P. n'a qu'imparfaitement pourvu.

Art. 37. — Le droit de former opposition à l'état définitif ne pourrait être formulé d'une manière générale, sans qu'il en résultât des difficultés dans l'application. Ainsi, le créancier qui bien que sommé de produire ne l'a pas fait, ou qui n'a pas contesté l'état provisoire de collocation, dans le délai fixé, ne peut plus attaquer l'état définitif, la déchéance a été valablement et irrévocablement encourue. Quels sont les cas qui donneraient ouverture au droit d'opposition? L'art. 37 en contient l'énumération complète.

Art. 38. — Quel serait le temps pendant lequel

ce droit pourrait être exercé? Pour la sécurité des créanciers et de l'acquéreur, il faut que les paiemens effectués soient irrévocables. En effet, le créancier qui reçoit l'intégralité de sa créance, donne main-levée, non seulement de l'inscription grevant l'immeuble dont le prix fait l'objet de l'ordre, mais encore de celles grevant tous autres immeubles; complètement désintéressé, il abandonne toutes les garanties qui pouvaient lui assurer le recouvrement de sa créance. Si, plus tard, annulant l'état définitif en totalité ou en partie, on le contraignait à rapporter le montant de sa collocation, sa créance contre le débiteur renaîtrait, mais dépourvue des sûretés qu'elle présentait dans l'origine, puisque, par suite de la radiation, les hypothèques ont disparu sans retour.

Toute personne qui, à tort, n'aurait pas été appelée à la distribution d'un prix sur lequel elle pouvait venir en rang utile, aurait, indépendamment du droit d'opposition, une action en garantie contre le notaire ou le conservateur, selon que l'omission proviendrait du fait de l'un ou de l'autre, et la durée de cette action serait régie par le droit commun.

Art. 39 et 40. — Pour les oppositions à un état définitif, on doit rechercher la simplicité dans la forme et la rapidité dans la marche, deux conditions dont le crédit fait une nécessité. La voie par action principale, suivie aujourd'hui pour faire réformer un règlement définitif, occasionne beaucoup de frais, les parties mises en cause étant toujours nombreuses; en outre, il est peu rationnel de suivre deux modes de procéder, l'un pour les contestations élevées sur l'état provisoire, l'autre pour celles élevées sur l'état définitif; le premier présente sur le second des avantages sous le rapport de la modicité des frais et de la brièveté de la procédure, il doit être préféré. L'opposition se ferait donc par un dire inséré à la suite de l'état définitif, elle serait renouvelée, à peine de nullité, dans la huitaine, par un simple acte d'avoué à avoué contenant les moyens et conclusions, elle serait instruite et jugée comme affaire sommaire, conformément aux dispositions des art. 26, 28 et suivans.

Art. 41. — Un cas particulier doit être prévu : un arrêt qui infirme un jugement rendu sur les contredits soulevés sur l'état provisoire, contient une disposition conçue en des termes offrant équivoque ou double sens, une partie conteste l'application que le juge-commissaire en a faite dans l'état définitif. Qui sera juge de la contestation? La Cour qui aura rendu l'arrêt, car seule elle pourra donner les éclaircissemens propres à lever l'ambiguité ou l'obscurité sans changer le fond de l'arrêt.

Art. 42, 43, 44, 45 et 46. — La précision dans les opérations de calcul exigeant que la masse de la somme à distribuer soit fixée d'une manière positive, les élémens divers qui composent cette masse doivent être bien déterminés, d'où la nécessité de faire apparaître aux yeux des créanciers l'importance du reliquat du compte du séquestre (voir p. 231 et suiv.). En même temps que les créanciers seraient sommés de produire, le séquestre serait sommé de rendre son compte de gestion; ce compte devrait être remis avec les pièces justificatives au notaire commis, et annexé au procès-verbal d'ordre, si bien que les créanciers pourraient prendre simultanément communication de l'état provisoire et du compte. S'il n'était l'objet d'aucune contestation, il deviendrait définitif sans qu'il y eût lieu de recourir à aucune formalité judiciaire pour le faire sanctionner. Les frais de ce mode de procéder seraient minimes, puisqu'ils consisteraient uniquement dans une sommation, dans le timbre et l'enregistrement du compte.

Si le séquestre ne remettait pas le compte au notaire dans le délai de trente jours imparti par la sommation, il y serait contraint par voie d'action principale; mais tous les frais de l'instance resteraient à sa charge et il serait privé de l'indemnité à laquelle donne droit la fonction de séquestre. Ces dispositions, bien que rigoureuses, sont nécessaires pour parer à des négligences nuisibles aux créanciers.

En cas de contestation sur le compte, les formalités seraient identiques à celles déjà développées au sujet des contestations sur l'état provisoire de collocation ; elle se ferait par un dire, contenant constitution d'avoué, et inséré à la suite du compte. Si le notaire ne pouvait concilier les parties, il les renverrait devant le tribunal ; l'affaire serait portée à l'audience par un simple acte d'avoué à avoué, instruite et jugée comme affaire sommaire. Les formes compliquées des articles 527 et suivans du Code de procédure ne sont point nécessaires dans cette circonstance.

Art. 47, 48 et 49. — Pour réprimer la témérité des enchérisseurs, l'article 740 du Code de procédure prononce la peine de la contrainte par corps contre le fol enchérisseur pour la différence entre son prix et celui de la folle enchère ; mais comment exercer ce recours accordé aux créanciers contre le fol enchérisseur? La loi est muette à ce sujet et ne contient aucun élément pour la solution des questions suivantes :

La revente sur folle enchère, qui a pour effet d'annuler la vente primitive, annule-t-elle aussi l'ordre?

Si le prix de la seconde adjudication est supérieur à celui de la première, y a-t-il lieu d'ouvrir un nouvel ordre sur toute la somme ou seulement sur l'excédant?

L'ordre a pour objet de déterminer le rang des créanciers ; ce rang est le même, que ce soit Pierre ou Paul qui soit adjudicataire, l'adjudication ne faisant que substituer un acquéreur à un autre.

Considéré en lui-même, le rang des créanciers est indépendant de la somme mise en distribution, cette somme a beau varier, augmenter ou diminuer, il reste immuable. A quoi bon dès lors recommencer un nouveau travail, faire de nouveaux frais pour arriver toujours au même résultat. Telles sont les raisons qui ne permettent pas d'admettre plus d'un ordre pour une adjudication, qu'elle soit ou non suivie de folle-enchère.

Si la folle-enchère n'a aucune influence sur le classement des créanciers d'après le rang des priviléges et des hypothèques, il n'en est pas de même relativement à la fixation de la quantité des créances qui doivent être acquittées, et à la désignation des personnes à qui le paiement de ces créances incombe; cette quantité augmente si le prix de la seconde adjudication est supérieur à celui de la première, et dans ce cas le second acquéreur est seul tenu du paiement des collocations. Au contraire, si le prix de la seconde adjudication est inférieur à celui de la première, la quantité des créances qui doivent être acquittées reste la même, mais ces créances sont payées par le premier et le second acquéreur dans des proportions différentes.

Ces effets de la folle-enchère sont très souvent l'objet de difficultés dans l'application, il faut en assurer l'exécution d'une manière uniforme et économique, quelle que soit l'époque à laquelle la folle-enchère ait lieu, qu'elle précède l'ouverture de l'ordre ou la suive, ou enfin soit postérieure à la clôture de l'état définitif.

Art. 50, 51, 52, 53, 54, 55 et 56. — Ces articles sont relatifs à la suppression de la procédure d'offres réelles en matière de prix d'immeubles. Nous avons envisagé précédemment (V. p. 146 et suiv.) la possibilité de cette suppression en maintenant les dispositions du titre de l'ordre (C. de P.); cette suppression peut se réaliser aussi facilement avec notre proposition.

TEXTE DE LA PROPOSITION.

———

Article 1er. — Tout notaire, commis pour procéder à une vente judiciaire d'immeubles, sera de plein droit chargé de procéder à la distribution du prix entre les créanciers. En cas de vente à l'amiable, ou de vente judiciaire effectuée à la barre d'un tribunal, le créancier le plus diligent, et à son défaut l'adjudicataire, requerra la nomination d'un notaire dans les dix jours qui suivront, soit le jour de l'adjudication, s'il s'agit d'une vente judiciaire, soit l'expiration des délais de purge, s'il s'agit d'une vente à l'amiable.

Art. 2. — Il sera tenu, à cet effet, au greffe du tribunal civil de première instance de chaque arrondissement, un registre sur lequel soit un créancier, soit l'adjudicataire, soit le vendeur ou saisi, en personne ou par mandataire, fera sa réquisition, à la suite de laquelle le président du tribunal nommera un notaire exerçant dans l'arrondissement de la situation de l'immeuble. En cas de concours de deux parties, elles se retireront, sans frais, devant le président, lequel commettra un notaire, et déterminera, en même temps, la partie à la requête de laquelle la poursuite aura lieu.

Art. 3. — En cas d'aliénation, par un même acte, de biens situés dans plusieurs arrondissemens, il sera commis, pour la distribution du prix, un seul notaire. Il sera choisi parmi ceux exerçant dans l'arrondissement où se trouvera située la majeure partie des biens. Cette majeure partie sera déterminée par le principal de la contribution foncière.

Art. 4. — Le conservateur des hypothèques délivrera l'état des inscriptions existantes contre le saisi ou vendeur et ses auteurs. Dans les dix jours de la délivrance de cet état, les créanciers seront sommés de produire, par acte signifié aux domiciles élus par les inscriptions ; pareille sommation sera faite à l'acquéreur ; le même acte contiendra sommation, tant aux créanciers qu'à l'acquéreur, de prendre communication de l'état de collocation et de le contester s'il y a lieu, et ce, le dixième jour qui suivra l'expiration du délai de trente jours pour produire ; semblable sommation sera faite au saisi ou vendeur ; puis, le notaire commis ouvrira le procès-verbal d'ordre auquel il annexera l'état des inscriptions et l'original de la sommation.

Art. 5. — Dans les trente jours de la sommation, chaque créancier, à peine de forclusion, sera tenu de produire ses titres et de requérir sa collocation.

Chaque réquisition sera portée sur le procès-verbal, datée et signée par le notaire et par le créancier, et énoncera d'une manière distincte le capital, les intérêts et les frais réclamés; elle contiendra, en outre, constitution d'avoué.

Art. 6. — Les trente jours expirés, le notaire prononcera, par un dire inséré à la suite du procès-verbal, la déchéance des créanciers non produisans, et convoquera immédiatement, par lettres, les parties ayant produit et le saisi ou vendeur, pour le dixième jour qui suivra l'expiration du délai pour produire, et dressera l'état de collocation, lequel, sous peine de vingt-cinq francs d'amende, devra être achevé dans les neuf jours qui suivront l'expiration du délai pour produire.

Art. 7. — Si, au jour de la comparution, les créanciers produisans et le saisi ou vendeur tombent d'accord sur la distribution du prix, le notaire dressera, séance tenante, l'état définitif.

Art. 8. — Il transmettra immédiatement la minute au président du tribunal de l'arrondissement de la situation de l'immeuble, lequel, après vérification, déclarera exécutoire l'état définitif au moyen d'une ordonnance mise à la suite. Cette ordonnance, délivrée sans frais, contiendra liquidation, tant des frais de poursuite dus au notaire, que des frais de conservation et d'exécution dus aux créanciers utilement colloqués; elle fera mainlevée et ordonnera la radiation des inscriptions de ceux non utilement colloqués, en tant que ces inscriptions frapperont sur l'immeuble dont le prix sera mis en distribution.

Art. 9. — Dans les dix jours qui suivront la remise des pièces ès-mains du notaire, sommation de payer sera faite à l'acquéreur, à la requête de la partie poursuivante. Trois jours après cette sommation, chaque créancier, utilement colloqué, pourra, à défaut par l'acquéreur de payer, faire vendre l'immeuble à la folle-enchère.

Art. 10. — Chaque créancier colloqué, en donnant quittance du montant de sa collocation à la suite de l'état définitif, consentira la radiation de son inscription. Les titres des créances entièrement acquittées par l'effet des collocations resteront entre les mains du notaire pour être remis au saisi ou vendeur à première réquisition; et à l'égard des créances acquittées en partie, il sera fait mention sur les titres de la somme payée.

Art. 11. — Les inscriptions des créanciers non colloqués seront radiées par le conservateur des hypothèques sur le vu de l'ordonnance du président, sans qu'il puisse exiger de certificats dans les termes de l'art. 548 du Code de procédure.

Art. 12. — Au fur et à mesure du paiement des collocations, le conservateur des hypothèques, sur la représentation de la quittance des créanciers, opérera la radiation des inscriptions de ces créanciers et déchargera l'inscription d'office jusqu'à concurrence de la somme acquittée. L'inscription d'office sera rayée définitivement, en justifiant, par l'adjudicataire, du paiement de la totalité de son prix, soit aux créanciers utilement colloqués, soit à la partie saisie, et de l'ordonnance du président qui prononce la radiation des inscriptions des créanciers non colloqués.

Art. 13. — Si au jour de la comparution fixé par les articles 4 et 6, le notaire ne peut arrêter définitivement l'état de collocation, soit en raison de la non-comparution d'un créancier produisant ou du vendeur, soit en raison d'une contestation sur laquelle il n'aura pu concilier les parties, il en fera mention dans un dire inséré à la suite de l'état de collocation, et transmettra dans les dix jours, sous peine de vingt-cinq francs d'amende, au greffe du tribunal de l'arrondissement de la situation de l'immeuble, le procès-verbal d'ordre et les titres produits.

Art. 14. — La partie qui, par une contestation reconnue ultérieurement mal fondée, ou par une non-comparution, aura mis le notaire dans l'impossibilité d'arrêter définitivement l'état de collocation, sera tenu envers le créancier sur lequel les fonds manqueront, ou la partie saisie, de tous les frais postérieurs au dépôt des pièces au greffe du tribunal, ainsi que de la perte d'intérêts qui pourrait résulter.

Art. 15. — Le lendemain du dépôt, le greffier fera commettre par le président du tribunal un juge pour dresser l'état de collocation. Cette nomination aura lieu, sans frais, par une ordonnance insérée à la suite du procès-verbal.

Art. 16. — Le greffier transmettra immédiatement le procès-verbal et les titres produits au juge qui aura été commis, lequel sera tenu de dresser l'état de collocation dans les dix jours qui suivront la date de sa nomination.

Art. 17. — L'état de collocation étant dressé, le juge-commissaire en avertira immédiatement, par lettre, l'avoué de la partie poursuivante.

Art. 18. — Dans les dix jours de cet avertissement, le poursuivant dénoncera, par acte d'avoué à avoué, aux créanciers produisans et à la partie saisie la confection de l'état de collocation, avec sommation d'en prendre communication et de contredire, s'il y échet, dans le délai de quinze jours.

Art. 19. — Faute par les créanciers produisans et le vendeur ou saisi, de prendre communication de l'état de collocation au greffe du tribunal dans ledit délai, ils demeureront forclos, sans nouvelle sommation ni jugement.

Art. 20. — En cas de non-contestation, le juge-commissaire sera tenu, dans les dix jours qui suivront l'expiration du délai pour prendre communication de l'état de collocation et le contester, de dresser l'état définitif dans lequel il déterminera, d'après la somme mise en distribution et le rang suivant lequel chaque créancier aura été colloqué, ceux qui viendront en ordre utile pour recevoir; il liquidera les frais et ordonnera la radiation des inscriptions des créanciers non utilement colloqués.

Art. 21. — Dans les dix jours de l'état définitif, le greffier délivrera au poursuivant un extrait contenant la désignation des parties prenantes et les sommes qui leur auront été respectivement allouées, lequel extrait sera signifié à l'acquéreur, ou au dépositaire en cas de consignation.

Art. 22. — Trois jours après la signification de l'extrait de l'état définitif, chaque créancier utilement colloqué pourra, faute par l'acquéreur de payer, faire vendre l'immeuble à la folle-enchère.

Art. 23. — Dans le même délai de dix jours, le greffier délivrera un extrait contenant les inscriptions des créanciers non utilement colloqués. Sur le vu de cet extrait, le conservateur des hypothèques sera tenu d'opérer immédiatement la radiation des inscriptions, sans qu'il puisse exiger de certificats dans les termes de l'art. 548 du Code de procédure.

Art. 24. — L'acquéreur, ou le dépositaire en cas de consignation, paiera le montant de chaque collocation, et chaque créancier colloqué donnera main-levée de son inscription. L'extrait mentionné en l'art. 21 ne sera remis à l'acquéreur ou au dépositaire qu'après le paiement intégral de la somme mise en distribution, et sera annexé à la quittance.

Art. 25. — Toute contestation sera insérée à la suite de l'état de collocation et motivée à peine de nullité. A l'expiration du délai pour contester, si le juge-commissaire ne peut concilier les parties, il les renverra pardevant le tribunal ; néanmoins il dressera de suite un état définitif pour les créances antérieures à celles contestées, et il sera procédé conformément aux dispositions des art. 21 et 22.

Art. 26. — L'audience sera poursuivie par la partie la plus diligente, sur un simple acte d'avoué à avoué sans autre procédure. La partie contestante et la partie contestée seront seules mises en cause.

Art. 27. — Toute partie contestante ne pourra se désister de sa contestation postérieurement au renvoi à l'audience, sans en avoir averti huit jours auparavant, par acte d'avoué à avoué, l'avoué du dernier créancier colloqué, lequel pourra intervenir alors dans l'instance et la continuer.

Art. 28. — Le jugement sera rendu sur le rapport du juge-commissaire et les conclusions du ministère public ; il sera signifié à avoué seulement.

Art. 29. — L'appel sera interjeté dans les dix jours de la signification à avoué, ou, s'il n'y a point d'avoué, à compter de la signification à personne ou au domicile, soit réel, soit élu, outre un jour par trois myriamètres de distance entre le domicile réel de l'appelant et le lieu où siége le tribunal d'où émane la sentence. L'acte d'appel sera signifié au domicile de l'avoué, et, s'il n'y a pas d'avoué, au domicile réel ou élu de l'intimé ; il contiendra assignation et l'énonciation des griefs ; mention en sera faite sur le procès-verbal d'ordre : le tout à peiné de nullité.

Art. 30. — Ne pourront être intimées sur l'appel que les parties indiquées par l'art. 26.

Art. 31. — L'audience sera poursuivie par la partie la plus diligente sur un simple acte d'avoué à avoué. Il ne sera signifié des conclusions motivées que de la part de l'intimé.

Art. 32. — Le tribunal et la cour en cas d'appel statueront dans la quinzaine qui suivra le jour où l'affaire sera portée à l'audience.

Art. 33. — Aucun jugement ou arrêt par défaut, en matière de distribution de prix d'immeubles, ne sera susceptible d'opposition.

Art. 34. — En aucun cas ni sous aucun prétexte, les dépens de contestations ne pourront être pris sur les deniers provenant de l'adjudication, même du consentement du saisi ou vendeur, tant que ces deniers seront insuffisans pour désintéresser tous les créanciers.

Art. 35. — Les contestans qui auront succombé dans leurs contestations seront tenus, envers le créancier sur lequel les fonds manquent et envers le saisi ou vendeur, de la perte des intérêts causée par les contestations.

Art. 36. — Dans les dix jours qui suivront l'expiration du délai d'appel, et en cas d'appel dans les dix jours qui suivront la signification de l'arrêt, le juge-commissaire dressera l'état définitif des créances contestées et de celles postérieures.

Art. 37. — Toute partie peut former opposition, pour les causes ci-après, à tout état définitif d'ordre qui préjudicie à ses droits : § 1, si ni elle ni ceux qu'elle représente n'ont été appelés à la distribution du prix; § 2, si l'état définitif contient des dispositions reproduisant inexactement celles de l'état provisoire non contestées, ou portant atteinte à des contredits sur lesquels il n'a pas été statué par le tribunal, ou enfin faisant une fausse interprétation des jugemens et arrêts intervenus sur ces contredits.

Art. 38. — L'opposition ne sera recevable qu'autant que le paiement des collocations n'aura pas été effectué, même pour le cas d'omission prévu par le § 1er de l'art. 37, auquel cas, cependant, la partie lésée pourra exercer ultérieurement son recours contre le conservateur des hypothèques ou le notaire.

Art. 39. — L'opposition se fera au moyen d'un dire inséré à la suite de l'état définitif, daté et signé par la partie elle-même, ou par un fondé de pouvoir.

Art. 40. — Elle sera réitérée, à peine de nullité, dans la huitaine et portée devant le tribunal civil par un simple acte d'avoué à avoué, contenant moyens et conclusions; elle sera formée contre toute partie n'ayant pas d'avoué, par exploit d'ajournement à huit jours, sans préliminaire de conciliation, et instruite et jugée comme affaire sommaire, conformément aux dispositions des art. 26, 28, 29, 30, 31, 32, 33, 34 et 35 ; elle sera notifiée, dans le même délai, à peine de nullité, au conservateur des hypothèques, à l'acquéreur ou au dépositaire des deniers en cas de consignation.

Art. 41. — Si l'opposition est basée sur l'interprétation d'un arrêt infirmatif, elle sera portée devant la Cour qui aura rendu l'arrêt, et ce, dans les formes et les délais de l'art. 40.

Art. 42. — En cas de nomination d'un séquestre, le poursuivant, en même temps qu'il fera sommer les créanciers de produire, fera sommer ce dernier de rendre compte de sa gestion.

Art. 43. — Le séquestre sera tenu de dresser son compte et de le présenter, avec les pièces justificatives, au notaire commis pour la distribution du prix, et ce, dans les trente jours de la sommation, sous peine, en cas de retard, d'être privé de son indemnité et de supporter personnellement, sans pouvoir les répéter ni employer, en aucun cas, les frais de l'instance en reddition de compte, qui sera alors poursuivie conformément aux articles 527 et suivans du Code de procédure.

Art. 44. — Le compte contiendra les recettes et dépenses effectives, et sera terminé par la récapitulation de la balance desdites recettes et dépenses, sauf à faire un chapitre particulier des sommes à recouvrer. Il contiendra, en outre, constitution d'avoué, sera dressé, présenté et affirmé par le rendant en personne ou par un mandataire spécial, et annexé par le notaire à l'état de distribution.

Art. 45. — Dans les dix jours qui suivront l'expiration du délai pour produire, les créanciers et le saisi ou vendeur pourront contester le compte s'il y a lieu. Toute contestation se fera par un dire inséré à la suite, daté et signé par la partie, et contiendra constitution d'avoué.

Art. 46. — En cas de non-contestation, le délai de dix jours expiré, le compte deviendra définitif, sans aucune formalité. En cas de contestation, si le notaire ne peut concilier les parties, il les renverra devant le tribunal; l'affaire sera portée à l'audience par un simple acte d'avoué à avoué, en observant les dispositions de l'art. 529 du Code de procédure ; elle sera instruite et jugée comme affaire sommaire.

Art. 47. — En cas de folle-enchère avant l'ouverture de l'ordre, l'ordre sera ouvert sur le prix le plus élevé des deux adjudications. Si le montant de la seconde adjudication est inférieur à celui de la première, l'état définitif sera déclaré exécutoire contre le second adjudicataire, jusqu'à concurrence du montant de la somme due par ce dernier en principal et intérêts, et contre le fol-enchérisseur pour l'excédant du prix primitif.

Art. 48. — Si la folle-enchère a lieu après l'ouverture de l'ordre, il sera donné suite aux opérations, en se conformant, pour l'état définitif, aux dispositions de l'article précédent.

Art. 49. — En cas de folle-enchère après la confection de l'état définitif, cet état sera déclaré exécutoire contre le second adjudicataire, jusqu'à concurrence du montant de la somme due par ce dernier en principal et intérêts, et ce, par ordonnance rendue, sans frais, à la suite dudit état. Cette ordonnance sera rendue par le président du tribunal, si l'état définitif a été dressé par un notaire; dans le cas contraire, elle sera rendue par le juge-commissaire qui aura dressé l'état définitif. Si le montant de la seconde adjudication est supérieur au montant de la première, il sera procédé à un nouvel ordre sur la somme formant l'excédant.

Art. 50. — L'acquéreur, qui, pour opérer sa libération, voudra consigner son prix, sera tenu de faire préalablement une déclaration par acte signifié par huissier au vendeur ou saisi; dix jours après cette déclaration, il opérera sa consignation sans aucune autre formalité.

Art. 51. — Si la consignation a lieu avant l'ouverture de l'ordre, l'acquéreur sera tenu de procéder à cette ouverture, et l'acte de dépôt, contenant les conditions sous lesquelles la consignation aura été effectuée, sera annexé au procès-verbal d'ordre.

Art. 52. — La sommation de produire faite aux créanciers inscrits, contiendra en même temps, sommation de contester la consignation, s'il y a lieu; semblable sommation sera faite au vendeur ou saisi.

Art. 53. — En cas de consignation postérieurement à l'ouverture de l'ordre, l'acte de dépôt sera également annexé au procès-verbal, et les créanciers inscrits, ainsi que le vendeur ou saisi, seront sommés de contester la consignation dans le délai de trente jours.

Art. 54.— La sommation devra être faite quinze jours au plus tard après la consignation, à défaut de quoi l'acquéreur sera tenu des intérêts de son prix jusqu'au jour de la sommation.

Art. 55. — Les trente jours expirés, s'il n'est survenu aucune contestation sur la consignation, le président du tribunal ou le juge-commissaire liquidera les frais de l'acquéreur, ainsi que ceux de radiation des inscriptions, et ordonnera le prélévement de ces frais sur la somme consignée. Il ordonnera la radiation de toutes les inscriptions grevant l'immeuble; cette radiation sera opérée sur le vu de l'expédition de l'ordonnance, sans que le conservateur puisse exiger de certificats dans les termes de l'art. 548 du Code de procédure.

Art. 56. — Toute contestation sera instruite et jugée comme affaire sommaire, conformément aux dispositions des art. 25, 26, 28, 29, 30, 31, 32, 33, 34 et 35.

Art. 57. — Comme l'art. 779 du Code de procédure.

CHAPITRE V.

QUESTIONS DE LA RÉFORME HYPOTHÉCAIRE RELATIVES
A LA DISTRIBUTION DES PRIX D'IMMEUBLES,
CRÉANCES CONDITIONNELLES, INTÉRÊTS. — SOUS-ORDRE (1).

§ I.

CRÉANCES CONDITIONNELLES.

On cherche en vain dans le Code Napoléon et dans le Code de procédure civile une disposition relative aux créances conditionnelles, créances qui suscitent de nombreux embarras dans les distributions de prix d'immeubles. Lors de la discussion du Code de procédure, la section de législation du Tribunat proposa, à ce sujet, quelques dispositions qui furent rejetées par des considérations rapportées dans le discours prononcé par M. Grenier, à la séance du Corps Législatif du 21 avril 1806 : « Les difficultés auxquelles les créances condition-

(1) La réforme hypothécaire soulève beaucoup de questions dont la solution doit faciliter la distribution des prix d'immeubles, mais nous avons borné nos observations à celles omises dans les travaux déjà publiés.

nelles peuvent donner lieu trouveront leur solution, indépendamment de quelques dispositions du Code civil, dans les principes généraux de jurisprudence qui sont de tous les temps, parce qu'ils sont le résultat immédiat des premières notions de la justice. Lorsqu'il s'agit de certaines questions qui sont soumises aux circonstances qui peuvent varier à l'infini, une trop grande prévoyance du législateur pourrait le faire tomber dans des limitations injustes. La loi alors devient d'autant meilleure qu'elle laisse aux tribunaux une certaine latitude sur l'application de règles fondamentales, qui ne peuvent être méconnues. »

Il suffit d'ouvrir les recueils de jugemens et d'arrêts pour reconnaître que ces principes de jurisprudence auxquels on a cru devoir en référer, sont loin de recevoir toujours une application uniforme et pour se convaincre de la vérité de cette pensée : « Il importe si fort que la loi soit certaine, que sans cette condition elle ne peut être juste (1) » Aussi la loi du 29 septembre 1819 qui a été substituée au Code de procédure français dans le canton de Genève n'a pas imité son silence; elle contient plusieurs articles qui ôtent toute incertitude dans la marche des opérations et en assurent la régularité.

Art. 659. — Les créances conditionnelles seront

(1) BACON, *Aphorismes du droit.*

colloquées au même rang et dans le même ordre que si elles eussent été pures et simples.

Art. 660. — Lorsque la condition sera résolutoire, la somme due sera allouée au créancier conditionnel, à la charge par lui de fournir caution ou hypothèque à ceux qui devront profiter de la même somme, en cas d'accomplissement de la condition.

L'usufruitier sera assimilé au créancier sous clause résolutoire.

Art. 661. — Lorsque la condition sera suspensive, la somme assignée au créancier conditionnel sera attribuée aux créanciers subséquens, à la charge par eux de fournir caution ou hypothèque au créancier conditionnel, pour la répéter lors de l'événement de la condition.

Art. 662. — Dans les cas ci-dessus, si les créanciers autorisés à toucher les deniers ne peuvent ou ne veulent fournir caution ou hypothèque, il sera fait emploi de la somme. Cet emploi sera consenti entre les parties intéressées ou réglé par le tribunal. Jusqu'à l'accomplissement de la condition, les intérêts annuels seront payés aux créanciers qui auraient eu le droit de toucher la somme sous caution ou hypothèque.

Art. 663. — La collocation d'une créance à terme fixe, ne portant pas intérêt, se fera sous escompte. Si le terme est indéterminé, le capital entier sera remis au créancier, moyennant caution ou hypothèque, ou il en sera fait emploi comme ci-dessus (article 662). L'intérêt en sera payé jusqu'à l'échéance aux créanciers subséquens, et, à leur défaut, au débiteur saisi.

Art. 664. — La collocation des créances en rente viagère se fera du capital suffisant pour que les intérêts annuels égalent la rente viagère à payer.

Art. 665. — Il sera fait emploi de ce capital conformément à l'article 662, à moins que la rente viagère ne fût due pour prix non payé de l'immeuble adjugé. Dans ce dernier cas, l'adjudicataire sera tenu de garder ledit capital, et de payer la rente viagère.

Art. 666. — A l'extinction de la rente viagère, le capital sera délivré aux créanciers sur lesquels les fonds auront manqué, et s'il n'y en a pas, au débiteur saisi.

Art. 667. — Si l'intérêt du capital pour lequel le créancier de la rente viagère viendrait en degré utile, était inférieur à la rente, celle-ci sera complétée en prélevant, chaque année et jusqu'à due concurrence, le déficit sur le capital.

Art. 668. — Dans tous les cas ci-dessus, ainsi que dans ceux de collocation d'une femme mariée pour ses droits dotaux, et d'un mineur ou d'un interdit sur les biens de son tuteur, les mandats de paiement ne seront délivrés que lorsque les parties intéressées se seront accordées, soit sur la caution ou l'hypothèque à fournir, soit sur l'emploi à faire des deniers, ou qu'à défaut d'accord le tribunal aura décidé sur ces points.

Telles sont les dispositions qui, introduites dans la loi, aplaniraient bien des difficultés.

§ 11.

INTÉRÊTS.

La question des intérêts des créances privilégiées et des créances hypothécaires donne lieu à des complications. D'après divers parlemens, les intérêts, quelle qu'en soit l'importance, étaient colloqués au même rang que le capital; la masse des créances s'augmentant d'intérêts accumulés pendant une longue suite d'années, il était impossible aux tiers de connaître la véritable situation d'un propriétaire. Un pareil système était incompatible avec un régime hypothécaire ayant pour base la publicité; il fut modifié par l'art. 19 de la loi du 11 brumaire an VII : « Le créancier inscrit pour un capital produisant des intérêts, a droit de venir pour deux années d'arrérages au même rang d'hypothèque que pour son capital. » Le Code Napoléon substitua à cet article la disposition suivante : « Le créancier inscrit pour un capital produisant intérêts ou arrérages, a droit d'être colloqué pour deux années seulement et pour l'année courante, au même rang d'hypothèque que pour son capital; sans préjudice des inscriptions particulières à prendre portant

hypothèque à compter de leur date, pour les arrérages autres que ceux conservés par la première
inscription. (Art. 2151) »

La jurisprudence refuse d'appliquer cet article
au vendeur privilégié qu'elle admet, par préférence
à tous les créanciers de l'acquéreur, pour la totalité
des intérêts, de sorte que le capital peut se trouver
doublé par l'addition des intérêts. Une personne en
prêtant à un acquéreur dont la libération n'est pas
complète, se trouve donc dans l'impossibilité de
prévoir la somme par laquelle elle sera primée. Ces
deux mots, *année courante*, sont diversement interprétés. L'année courante est selon les uns, l'année
dans laquelle a été prise l'inscription, selon d'autres,
l'année où a eu lieu, soit la transcription de la saisie, soit la vente, selon d'autres enfin l'année, soit
de l'ouverture, soit de la clôture de procès-verbal
d'ordre. Cette variété d'opinions, nées de l'obscurité
du texte, n'est pas le seul reproche qui puisse être
adressé à l'art. 2151 ; en effet quelle que soit l'époque assignée comme limite à l'année courante, il
résulte toujours de la disposition de cet article une
inégalité dans la situation faite aux créanciers, les
uns pouvant être colloqués pour deux années, onze
mois et vingt-neuf jours d'intérêts, et les autres
pour deux années et un jour seulement, quand
même il leur serait dû davantage.

Les besoins du crédit réclament que les intérêts
de la créance privilégiée du vendeur soient, pour

leur conservation, soumis aux conditions des intérêts des créances hypothécaires, et pour ne rien abandonner au hasard dans la détermination des droits de chacun, il faut exprimer un nombre d'années sans fraction, substituer à ces mots : « pour deux années seulement et pour l'année courante » ceux-ci « pour trois années seulement. »

Quelles seront ces trois années? L'esprit de la loi doit être d'arrêter les intérêts, du jour où cessant pour ainsi dire d'être à la charge du débiteur, ils incombent à l'acquéreur. Cette conversion s'opère généralement le jour de l'entrée en jouissance, par application de l'une des trois dispositions de l'art. 1652 du Code Napoléon. Aussi l'usage, constamment suivi au tribunal civil du département de la Seine, consiste-t-il à prendre l'entrée en jouissance de l'acquéreur, comme limite des arrérages ou intérêts arriérés, pour lesquels tout créancier inscrit a le droit d'être colloqué au même rang d'hypothèque que pour son capital; quant aux intérêts courus du jour de l'entrée en jouissance jusqu'au jour du paiement effectif des collocations, ils suivent le sort du principal. Cet usage se prête à tous les cas, qu'il s'agisse d'un prix de vente judiciaire ou volontaire, consigné ou non; il est équitable dans ses résultats et d'une application plus facile que tout autre; il doit être consacré de préférence.

Les rentes viagères se présentent très fréquemment dans les ordres. Alors le prix à distribuer est affecté en totalité ou en partie, par l'état définitif, au service des arrérages de la rente viagère, et les créanciers subséquens sont colloqués éventuellement sur le capital compris dans la collocation du crédit rentier ; au décès de ce dernier, le capital devenant libre est appréhendé par les créanciers postérieurs, selon leur rang de collocation. Quels sont les intérêts à payer? Doit-on attribuer à ces créanciers, ainsi qu'il a été jugé, dix, quinze, vingt années d'intérêts, conjointement au capital, sous la seule condition que ces intérêts aient été conservés par des actes interruptifs de prescription? ou bien faut-il limiter leurs droits aux intérêts de trois années antérieures au décès du titulaire de la rente viagère?

Le but de l'art. 2151 du Code Napoléon a été de mettre tout créancier à même de connaître le montant exact des charges inscrites qui doivent le primer, et d'empêcher que les capitaux prêtés par les créanciers subséquens ne soient sacrifiés à des intérêts arréragés pendant un grand nombre d'années. Quelle que soit l'époque à laquelle le capital devienne libre par le décès du crédit-rentier, quel que soit le nombre des années d'intérêts alors dus, il faut pour se conformer à l'esprit de cet article que chaque créancier ne puisse réclamer avec le principal de sa collocation que, 1° les intérêts de trois années antérieures à ce décès, 2° les intérêts courus du jour du décès au jour du paiement effectif.

§ III

Autrefois en France on suivait cette maxime du droit romain, *pignus pignori dari potest*, maxime qui établit que le créancier hypothécaire pouvait grever d'hypothèques la chose même qui lui était hypothéquée. Quand plus tard, l'hypothèque fut attachée de plein droit à tout contrat authentique, toutes les hypothèques d'un débiteur se trouvèrent hypothéquées au profit de ses créanciers ; ces derniers intervenaient dans l'ordre, afin de se faire colloquer aux lieu et place du créancier leur débiteur, dans les limites de leurs créances respectives et d'après leur rang d'hypothèque. Les frais pour l'instruction et le jugement des oppositions en sous-ordre étaient pris sur les revenus ou sur le prix de l'immeuble à distribuer, et l'on jugeait ainsi, aux dépens des derniers créanciers du vendeur ou saisi, des contestations dans lesquelles ni eux ni leur débiteur n'avaient aucun intérêt.

Sur les propositions de M. le président Briçonnet, le parlement de Paris chercha les moyens propres à empêcher que l'on ne continuât à l'avenir de juger, aux dépens d'un malheureux débiteur, des contestations auxquelles il était étranger, et de divertir, au préjudice de ses créanciers légitimes, une partie des fonds destinés à leur paiement. A cet effet, il fit l'arrêté suivant, toutes les chambres réunies, le 22 août 1691 :

» Art. 1er. — On ne prendra, à l'avenir, aucun appointement sur les oppositions en sous-ordre, portant jonction à l'ordre, et lesdites oppositions en sous-ordre seront jugées après que l'on aura prononcé sur l'ordre, et par un arrêt ou sentence séparée.

» Art. 2. — Les oppositions en sous-ordre seront jugées au rapport de celui qui aura fait le rapport de l'ordre.

» Art. 3. — Les frais nécessaires pour les poursuite, instruction et jugement des oppositions en sous-ordre, seront pris sur la somme qui aura été adjugée au créancier sur lequel lesdites oppositions ont été faites, ou avancés par les opposans, si bon leur semble, sans qu'en aucun cas, ils puissent être pris sur les revenus, ni sur le reste du prix qu'il s'agit de distribuer entre les créanciers.

» Art. 4. — Les créanciers d'un opposant, qui ne forment entre eux aucunes contestations, pourront intervenir dans l'ordre, lorsqu'ils le trouveront à propos, pour y faire valoir la créance de leur débiteur commun.

» Art. 5. — Les oppositions en sous-ordre, qui sont jointes présentement aux ordres et dont le jugement a été commencé, seront jugées en la manière observée jusqu'à présent; et celles dont le jugement n'a pas été commencé demeureront disjointes de l'ordre, pour être instruites et jugées séparément et en la manière ci-dessus. »

Cet arrêt de règlement pourvoyait aux intérêts du vendeur ou saisi et de ses créanciers, en les mettant à l'abri du préjudice que leur faisait éprouver tout mode de collocation autre que celui qu'il déterminait. Si le Code Napoléon par l'introduction de ce principe, hypothèque sur hypothèque n'a lieu, avait dû mettre fin aux causes qui avaient provoqué cet arrêté, on comprendrait que le Code de procédure n'en eût pas reproduit les dispositions. Mais sous l'empire de la loi actuelle n'avons-nous pas les cessions de priviléges et d'hypothèques, les subrogations, les saisies-arrêts etc., qui sont autant de causes venant grossir le nombre des personnes intervenant dans l'ordre. Ces cessions, ces subrogations deviennent de plus en plus nombreuses, sous l'influence de cette activité générale qui embrasse aussi bien les affaires civiles que les affaires commerciales. Un créancier hypothécaire a-t-il besoin d'argent avant l'échéance de son obligation, il s'en procure immédiatement au moyen du transport de sa créance en totalité ou en partie ; seulement les formalités actuelles sont trop coûteuses, il serait à désirer que l'obligation devînt une valeur circulant avec moins d'entraves, et participant à la fois des avantages du crédit réel et du crédit personnel.

Comment et à quelle époque faire la distribution du montant de la collocation du *créancier-débiteur* entre les divers ayans-droit, opération à laquelle on donne communément le nom de sous-ordre? Le Code de procédure est muet à ce sujet, l'art. 778, le seul qui soit relatif au sous-ordre, n'a trait à aucune formalité, et ne fait que rappeler deux principes de droit consacrés par les articles 1166 et 2118 du Code Napoléon. En suppléant au silence de la loi, la pratique a reproduit les inconvéniens que le parlement de Paris avait fait disparaître par son arrêté du 22 août 1691.

Tantôt on colloque directement au procès-verbal les cessionnaires ; si la créance qui, dans l'origine, appartenait à une seule personne, a été fractionnée entre plusieurs, par suite de cessions partielles, il y a autant de collocations distinctes que de cessionnaires, et les frais prélevés sur le prix de l'immeuble sont triplés ; il en résulte une perte pour le créancier du vendeur sur lequel les fonds manquent. En outre les cessions et les subrogations sont la source de contestations nombreuses, relatives à leur validité, à l'étendue de leurs effets, au rang qu'elles ont entre elles ; ces contestations retardent le règlement définitif, et par suite de la tendance générale des tribunaux à appliquer indistinctement à toutes contestations, en matière d'ordre, le principe de la *compensation des dépens avec emploi,* il arrive, la plupart du temps, que les frais de contestations relatives aux cessions et aux subrogations, sont prélevés sur le prix à distribuer au préjudice du dernier créancier colloqué en rang utile.

Tantôt on colloque le créancier direct, et immédiatement à la suite de cette collocation on dresse celles des créanciers cessionnaires et autres. Survient-
il des contestations entre eux , elles sont consignées
par des dires insérés à la suite de l'état provisoire,
et se trouvent ainsi confondues au milieu des contestations relatives au vendeur et à ses créanciers.
Toutes ces contestations sont instruites et jugées
simultanément, et les frais sont pris sur le montant
de la somme à distribuer.

Ne devrait-on pas séparer des opérations de l'ordre le règlement des droits de ceux qui n'y interviennent que par suite de cessions, de subrogations,
ou en qualité de créanciers chirographaires d'un
débiteur, qui est lui-même créancier inscrit sur l'immeuble dont le prix est en distribution? A cet effet, on
dresserait l'état de collocation dans lequel on comprendrait seulement les créanciers directs, et l'on
dresserait simultanément, mais par procès-verbaux
séparés, autant de sous-ordres qu'il y aurait de
créanciers directs ayant eux-mêmes des créanciers.
Le montant de la collocation dans l'ordre en principal, intérêts et frais représenterait la somme à
distribuer dans le sous-ordre.

Ce mode de procéder n'augmenterait pas les écritures; il les disposerait d'une manière plus méthodi-
que, débarrasserait les collocations de la confusion
introduite par le mélange de l'ordre et des sous-
ordres, et rendrait impossibles les injustices signa-

lées au sujet des prélèvemens de frais. Quel que soit le nombre des créanciers compris dans le sous-ordre, quelles que soient les contestations soulevées, il n'en pourrait désormais résulter aucune atteinte pour la masse des créanciers du vendeur de l'immeuble; ces contestations ne seraient plus une cause d'entraves pour l'achèvement de l'ordre; les frais nécessités par elles et par les opérations du sous-ordre ne frapperaient que ceux qu'elles concerneraient. Ce principe si juste « les dépens doivent être mis à la charge de celui qui les occasionne » deviendrait une vérité dans l'application.

CHAPITRE VI.

Frappés du formalisme des lois de procédure et de l'importance des frais qu'elles coûtent, chaque année, à la propriété foncière, quand il s'agit de convertir en argent la valeur du gage immobilier, quelques esprits, sans se préoccuper des améliorations dont ces lois sont susceptibles, ont pensé venir efficacement au secours des prêteurs et des emprunteurs, en rétablissant le pacte commissoire et en généralisant le mode de prêt par la voie de vente à réméré.

M. Serrigny (1) considère la prohibition du pacte commissoire comme désastreuse pour le crédit du débiteur ; suivant lui, le crédit foncier aura atteint sa perfection, quand le propriétaire pourra souscrire

____

(1) *Revue du droit français et étranger*, année 1850. — Des vices de notre législation au point de vue du crédit foncier, par M. Serrigny, professeur à la faculté de droit de Dijon.

un engagement tel, qu'à défaut de paiement à l'é-
chéance, le porteur de l'engagement deviendra
immédiatement propriétaire ; « le capitaliste, dit-
il (1), qui serait assuré qu'à l'échéance il sera
remboursé de son capital, ou bien qu'il deviendra
propriétaire du fonds affecté à sa créance, pour un
prix fixé d'avance, n'aurait plus aucune répugnance
à prêter son argent. Le crédit foncier serait bien
supérieur au crédit commercial, car à la célérité du
recouvrement commercial, la dette civile hypothécaire joindrait la sûreté que donne le gage immobilier. C'est dans cette voie qu'est le progrès. » Bien
que l'amour du sol ait poussé en France de profondes racines, il n'est cependant pas aussi universel
que paraît le supposer M. Serrigny. La richesse
mobilière, qui depuis soixante ans a pris de si prodi-
gieux développemens, s'étend de plus en plus ; chaque jour voit s'accroître le nombre de ceux qui sont
appelés à jouir de ses bienfaits. Tous ces nouveaux
petits capitalistes n'aspirent pas à devenir propriétaires. La plupart ne pourraient acheter qu'un
champ de peu d'étendue ; or, ils savent que la terre
n'est productive, quand il s'agit de la petite propriété, qu'à la condition d'être cultivée par celui-là
même qui la possède. On ne se fait pas cultivateur
à 50, à 60 ans, époque à laquelle on désire un peu
de repos après une vie de labeur ; aussi confient-ils

(1) Voir page 267. Loc. cit.

le produit de leurs économies à l'agriculteur pour s'assurer un revenu déterminé et payable à des époques fixes. Dans le système en question, si le propriétaire ne remboursait pas sa dette à l'échéance, il serait privé de sa propriété, et le créancier deviendrait propriétaire foncier de capitaliste qu'il était auparavant. Mais à quelle condition? Sous celle de payer la différence entre le montant du prêt et la valeur de l'immeuble.

Alors de deux choses l'une, ou l'estimation aura été sincère et il n'y aura, dans ce cas, pour le prêteur aucun intérêt à substituer à une valeur mobilière une valeur immobilière, qui ne lui offrira pas les mêmes avantages sous les rapports de la quotité du revenu; en outre, il se verra le plus souvent obligé de contracter un emprunt pour faire face au paiement de l'excédant du prix de l'immeuble; il préférera ne pas user de la clause et recourir à la voie de l'expropriation. Ou bien l'estimation aura eu lieu au gré du prêteur, et ne représentera qu'une partie de la valeur de l'immeuble; l'emprunteur n'aura pas élevé la moindre observation, elle lui semblait faite pour la forme seulement; plein de confiance dans l'avenir, il espérait, au moment de l'acte, être en mesure de rembourser, mais l'échéance arrive, l'argent manque, le prêteur excipe du pacte commissoire, et le lendemain revend l'immeuble avec grand bénéfice.

Les lois romaines et notre droit ancien ont proscrit le pacte commissoire comme déguisant une spéculation odieuse, et c'est avec raison et justice que cette prohibition a été maintenue par les art. 2078 et 2088 du Code Napoléon.

M. Delamontre (1) tout en conseillant de généraliser le mode de prêt par la voie de vente à réméré, reconnaît qu'il est loin d'être exempt d'usure, d'où naissent des spoliations et des procès scandaleux ; mais ces résultats ne l'arrêtent pas.

A supposer même que le contrat de vente à réméré puisse toujours conserver ce caractère de loyauté, de sincérité et de bonne foi, sans lesquelles les rapports des hommes entre eux produisent une suite de mécomptes et de déceptions, ce mode de prêt serait encore un expédient dangereux. Il offre le double inconvénient d'être onéreux à l'emprunteur, qui paie des droits d'enregistrement dix fois plus forts, 5 fr. 50 cent. 0/0 au lieu de 55 cent., et de laisser le bien sans propriétaire assuré pendant plusieurs années, durant lesquelles la production agricole souffre, à défaut d'une gestion prévoyante.

Descendons dans la réalité des faits, afin de bien apprécier la situation respective des parties qui contractent. Tant qu'un propriétaire offre des garanties, il trouve de l'argent à emprunter ; malheureusement les emprunts succèdent aux emprunts, et il arrive un

____

(1) *Traité du prêt sur hypothèque*, contenant le mode de prêt par voie de vente à réméré.

jour où le prêteur prudent s'arrête. Alors, que fait le propriétaire ? au lieu d'aliéner volontairement une partie de ses immeubles, d'en employer le prix au paiement de ses dettes et de rester tranquillement propriétaire du surplus, il engage, par une vente à réméré, tous ses biens, et sa ruine est consommée. Les prêteurs de profession dans les campagnes, cherchant à éluder les prohibitions de la loi par des détours, des faux-fuyans, ont bien soin de substituer à l'hypothèque la vente à réméré. Ils exploitent à merveille cette passion du paysan pour sa propriété, la chose à laquelle il tient le plus et à laquelle il ne renonce qu'à la dernière extrémité. Ils savent, s'ils demandaient une vente pure et simple, que le prix en serait débattu sérieusement, que la propriété ne serait abandonnée que moyennant une somme qui en représentât la valeur exacte. Ils font apparaître le pacte de réméré ; le paysan alors n'hésite plus, il traite sans examiner si la somme, qui lui est remise, est le tiers, le quart ou le cinquième de la valeur de son immeuble. Cette somme lui est indispensable pour l'instant, il faut qu'il l'obtienne ; quant à son immeuble, il espère le ressaisir. Mais l'échéance arrive, le remboursement n'est pas effectué, et le bien est perdu. Combien de personnes peu délicates arrondissent leurs domaines en spéculant sur la gêne des petits propriétaires. Des familles nombreuses passent ainsi d'une médiocre aisance dans la misère, ce qui contribue à corrompre l'esprit des campagnes ; le paysan, une fois ruiné, se jette dans le désordre.

Lors des travaux préparatoires de la codification de nos lois, la faculté de rachat rencontra une opposition générale. Les trois premiers projets, élaborés en l'an II et en l'an IV, reproduisent invariablement cette disposition « le vendeur ne peut se réserver la faculté de rachat. » Cambacérès, dans son rapport à la Convention, le 9 août 1793, donne les raisons de cette prohibition : « Nous avons rejeté la faculté de rachat des immeubles, qui avait le double inconvénient d'être une source intarissable de contestations et de nuire au progrès de l'agriculture par l'incertitude qu'elle laissait sur les propriétés. » Mais la dernière commission, puisant à pleines mains dans Pothier pour le titre de la vente, reproduisit entre autres dispositions qui s'y trouvent analysées, le pacte de réméré, et le rendit plus dangereux encore pour les vendeurs. Elle en réduisit la durée à cinq ans, déclara le vendeur déchu de plein droit par l'expiration du terme fixé par le contrat, et prohiba toute prolongation de ce terme par le juge (art. 1660, 1661 et 1662 du Code Napoléon), dispositions qui concourent à assurer promptement à l'usurier le produit de ses spéculations déloyales.

Dans l'ancien droit, on pouvait se réserver l'exercice de la faculté de rachat pendant trente années, et ce droit n'était pas éteint par l'expiration du terme fixé par la convention, il fallait pour l'éteindre, après l'expiration de ce temps, obtenir contre le vendeur une sentence qui le déclarât déchu. Cette jurisprudence était fondée sur cette considération, justifiée par l'expérience, que celui qui vend sous cette condition, voudrait ne pas vendre, qu'il vend *urgente rei familiaris necessitate*, que celui qui achète ainsi met peu d'intérêt à l'immeuble qu'on lui vend, et s'occupe surtout à tirer parti de la gêne du vendeur pour acheter à vil prix.

L'introduction de la vente à réméré en France, tient à deux causes : à l'époque de la féodalité, toutes les combinaisons qui tendaient à faire revenir les terres dans les mains des propriétaires primitifs, devaient être accueillies, elles répondaient au caractère des mœurs et des institutions ; mais ce sont surtout les principes du droit canon sur le prêt à intérêt qui ont généralisé l'emploi de la vente à réméré. L'église prohibait l'intérêt, qualifiait usure tout prêt, quelque modique qu'en fût le taux produit par un capital non aliéné, et jugeait usuraire l'antichrèse ; l'official (nom du tribunal ecclésiastique) connaissait du délit d'usure et confisquait les biens des prêteurs. Dans cette situation, la propriété, privée du prêt à intérêt, ne pouvait, sans la vente à réméré, servir d'auxiliaire utile au crédit ; mais après que l'économie politique moderne, qui sut faire du crédit une science, eut légitimé le prêt à intérêt condamné si longtemps par la théologie, et l'eut assis, dans ses rapports avec la propriété immobilière, sur ses véritables bases, l'hypothèque et l'antichrèse, il n'y avait plus de considération qui militât en faveur du maintien de la vente à réméré. Comment le législateur qui n'a pa cru devoir abandonner le cours de l'intérêt à la licence des prêteurs, a-t-il pu élever à la hauteur d'un contrat une combinaison qui ne sert qu'à éluder les dispositions de la loi du 3 septembre 1807. Il se rencontre bien quelques hommes d'une probité intacte qui l'emploient, non pour masquer des prêts usuraires, mais uniquement parce qu'ils ne sont pas familiarisés avec le régime hypothécaire ; ces cas sont rares. Les Conseils généraux des départemens ont été consultés par le Gouvernement, en 1845, sur le crédit agricole. Un grand nombre ont signalé la vente à réméré parmi les abus auxquels donnent lieu les prêts : « la vente à réméré, dit l'un d'eux, toujours consentie à un prix fort inférieur à la valeur de l'immeuble est le moyen le plus généralement employé par les usuriers pour dépouiller leurs victimes. »

En Angleterre, la garantie des prêts a lieu encore au moyen d'engagemens d'immeubles analogues à notre vente à réméré ; ces engagemens sont appelés *mort-gage*, *mortuum vadium*. Faute de remboursement au jour convenu, l'immeuble est définitivement acquis au prêteur, d'après le droit strict de la *common-law* ; mais afin que l'emprunteur ne soit pas dépouillé d'un immeuble important par suite d'un prêt de bien moindre valeur, les cours d'équité interposent leur autorité. L'emprunteur ou *mort-gageant*, fait assigner le *mort-gagé* devant une de ces cours pour obtenir la restitution de son immeuble. D'après la dernière loi sur la matière, statuts 3 et 4, Guillaume IV, chap. XXVII, sect. 28, cette action est recevable pendant vingt ans, à partir du jour où, conformément au contrat, le prêteur est entré en possession de l'immeuble engagé.

Ces sortes d'engagemens s'expliquent pour le royaume de la Grande-Bretagne, où il n'y a que de grandes propriétés que tout tend à immobiliser dans les mêmes familles, et où il n'existe pas d'hypothèque conventionnelle proprement dite. Mais en France, nous avons l'hypothèque et l'antichrèse qui répondent largement à tous les besoins du crédit. Pourquoi maintenir le pacte de réméré qui fait des victimes si nombreuses. Si chaque année un petit nombre seulement portent des plaintes devant les tribunaux, c'est que dans l'état de morcellement du sol, il faudrait pour les trois quarts des ventes à réméré, dépenser en frais la valeur de l'immeuble pour faire reconnaître le dol, la fraude, la lésion.

CHAPITRE VII.

CONSIDÉRATIONS SUR LES DÉCRETS ET LES LOIS QUI RÉGISSENT LES SOCIÉTÉS DE CRÉDIT FONCIER EN FRANCE.

Pour rendre possible l'établissement des Sociétés de crédit foncier en France, la tâche du Gouvernement était multiple; il fallait non seulement poser les règles relatives à l'organisation et aux opérations de ces Sociétés, mais encore obvier aux obstacles nés de la législation, qui dispense d'inscriptions les hypothèques légales des femmes, des mineurs, des interdits, ne soumet à la publicité ni les actes translatifs de propriété, ni les droits réels, et qui, en cas de non-paiement de la part du débiteur, oblige le prêteur à remplir les formalités compliquées de l'expropriation (1) et de l'ordre, pour arriver au recouvrement de sa créance.

(1) Depuis la publication de la première partie qui contient le développement des améliorations dont la procédure sur expropriation forcée nous semble susceptible, la cinquième édition du remarquable traité de M. TROPLONG sur les priviléges et les hypothèques a paru, nous avons été heureux de voir ce magistrat,

Afin de donner toute sûreté aux lettres de gage, les prêts faits par les Sociétés ont été assujettis à des conditions particulières : elles ne peuvent prêter que sur première hypothèque et jusqu'à concurrence seulement de la moitié de la valeur de l'immeuble (1); une exception, cependant, a été apportée à ce principe dans le cas où la propriété est grevée d'inscriptions pour hypothèques consenties à raison de garantie d'éviction ou de rentes viagères ; les Sociétés peuvent néanmoins prêter, pourvu que le montant du prêt, réuni aux capitaux inscrits, n'excède pas la moitié de la valeur de l'immeuble, (art. 3 de la loi du 10 juin 1853); elles ne peuvent émettre des lettres de gage pour une valeur supérieure au montant des prêts, (art. 14, décret du 28 février 1852).

Indépendamment de ces dispositions, les statuts des Sociétés autorisées imposent de nouvelles res-

dont la parole fait autorité dans la science, reconnaître que des réformes peuvent être apportées dans les lois sur les ventes judiciaires d'immeubles : « La procédure sur l'expropriation et sur l'ordre doit être simplifiée, elle a été simplifiée par la loi du 2 juin 1841 ; mais il s'en faut qu'on ait fait assez ; il reste encore beaucoup à faire. » Préface, pag. xxv.

(1) Décret du 28 février 1852, art. 6. — Les sociétés de crédit foncier ne peuvent prêter que sur première hypothèque. Sont considérés comme faits sur première hypothèque les prêts au moyen desquels tous les créanciers antérieurs doivent être remboursés en capital et intérêts. Dans ce cas, la société conserve entre ses mains valeur suffisante pour opérer ce remboursement. Art. 7. — Le prêt ne peut, en aucun cas, excéder la moitié de la valeur de la propriété.

trictions dictées par la prudence. Il est interdit de prêter une somme produisant une annuité plus forte que le revenu du bien hypothéqué; les propriétés plantées de vignes et les bois n'obtiennent des prêts que jusqu'à concurrence du tiers de la valeur; les bâtimens des usines et des fabriques ne sont estimés qu'en raison de leur valeur indépendante de leur affectation industrielle; il est interdit de prêter 1° sur les théâtres; 2° sur les mines et carrières; 3° sur les immeubles indivis, si l'hypothèque n'est établie sur la totalité des immeubles du consentement de tous les co-propriétaires; 4° sur ceux dont l'usufruit et la nue propriété ne sont pas réunis, à moins du consentement de tous les ayans-droit, à l'établissement de l'hypothèque. En outre les sociétés ne peuvent consentir de prêts inférieurs à 300 fr. La loi du 10 juin 1853 leur confère le droit de purger, afin de faire apparaître les hypothèques légales; au moyen de cette formalité, qu'elles remplissent quand elles la jugent utile, elles sont assurées de conserver sur l'immeuble le même rang qu'elles avaient à l'époque du prêt. Mais elles ne pourront prêter avec une entière sécurité, tant que la législation ne leur donnera pas le moyen de s'assurer si l'emprunteur est réellement propriétaire de l'immeuble offert en garantie. Cette lacune, heureusement, est sur le point d'être remplie. Le Corps législatif est saisi d'un projet de loi sur la transcription, qui aurait été voté pendant la session de

1854, si la clôture n'avait pas eu lieu presque aussitôt après le dépôt du rapport de la commission.

Tel est l'ensemble des dispositions qui garantissent les opérations des sociétés ; elles sont de nature à inspirer de la confiance dans les placemens sur *obligation foncière*.

On a cherché à assurer non seulement la solidité du gage mais encore la rapidité du recouvrement, afin que les Sociétés puissent fonctionner sans entraves. En cas de retard de la part de l'emprunteur, les annuités non payées à l'échéance produisent intérêt de plein droit, et les juges ne peuvent accorder aucun délai pour le paiement, ni surseoir aux poursuites exercées en vertu des deux moyens d'exécution, dont les Sociétés sont armées, le séquestre et l'expropriation.

Pour établir le séquestre, il suffit de présenter une requête au président du tribunal de première instance, après avoir mis en demeure le débiteur. Ce magistrat rend une ordonnance, en vertu de laquelle la Société prend possession des immeubles hypothéqués ; elle perçoit, nonobstant toute opposition ou saisie, le montant des revenus ou récoltes, et l'applique par privilége à l'acquittement des termes échus d'annuités et des frais.

Les articles du décret du 28 février 1852, compris sous cette rubrique, *de l'expropriation § 2, Chap. II. Titre, IV.*, ne contiennent pas un exposé complet de la procédure à suivre par les Sociétés pour la poursuite des ventes et les incidens qui peuvent s'y rattacher ; ils renferment seulement les dispositions exceptionnelles qui ont été jugées nécessaires dans l'intérêt des Sociétés. L'économie de ces dispositions se résume en une abréviation des délais. Ainsi la vente aura lieu plus promptement, mais les frais seront aussi élevés que ceux nécessités par la loi du 2 juin 1841. En effet, si le décret supprime le procès-verbal de saisie et l'exploit de dénonciation, il ordonne deux appositions d'affiches à quinze jours d'intervalle et six insertions légales, se rapprochant, sous ce rapport, de la loi de 1806. Sous l'empire de cette loi, on a pu se convaincre de l'inutilité des appositions d'affiches et des insertions légales multiples, qui augmentaient outre mesure les frais de poursuite ; aussi la loi de 1841 qui lui a été substituée, ne prescrit-elle qu'une apposition d'affiches et qu'une insertion légale. La loi du 10 juin 1853 a réduit à trois le nombre des insertions légales ; c'est déjà une amélioration. Mais les dispositions des art. 696, 697 et 699 du Code de procédure nous semblent préférables : une seule insertion légale et des insertions sommaires en proportion de l'importance de l'immeuble.

Bien que cette partie du décret n'ait pas encore reçu d'application, on peut dès à présent prévoir qu'il donnera naissance à des embarras, à des difficultés, qui seront autant d'élémens de contestations et de procès. Il suffit de rapprocher les articles du décret de ceux du Code de procédure, pour voir naître une série de complications.

La prescription établie par l'article 674 contre le créancier qui laisse écouler plus de quatre-vingt-dix jours entre le commandement et la saisie, est-elle applicable aux Sociétés ?

Quelles énonciations doit contenir le cahier des charges et dans quel délai doit-il être déposé au greffe du tribunal ?

Doit-il être publié à l'audience ?

Par qui doit être fixé le jour de l'adjudication ?

En présence de quelles personnes ces deux formalités doivent-elles être remplies ?

Les insertions et les affiches doivent-elles être rédigées dans les formes prescrites par les articles 696 et 699 ?

Les art. 32 et 36 du décret du 28 février 1852, qui déclarent les jugemens non susceptibles d'appel, sont-ils applicables aux jugemens rendus sur les demandes en revendication de droits réels, ou en distraction de tout ou partie des immeubles dont la vente est poursuivie ?

Pour résoudre ces questions, qu'on pourrait encore multiplier en passant en revue les autres articles du Code de procédure, il faut chercher quelles sont les dispositions qui ont été abrogées par le décret, soit implicitement, soit explicitement, quelles sont celles qui ont été maintenues ; mais alors commence l'interprétation entraînant avec elle son cortége d'incertitudes et de variations. Nous en donnerons un exemple.

On s'accorde généralement à reconnaître que le décret a supprimé la lecture et la publication du cahier des charges ; mais il n'en est pas de même au sujet de la fixation du jour de l'adjudication. Qui doit fixer ce jour ? Est-ce le tribunal ? Est-ce la Société poursuivante ?

Dans un traité récemment publié, ayant pour titre : *Explication théorique et pratique de la législation relative au crédit foncier en France*, M. Josseau est d'avis que le décret a supprimé implicitement la publication du cahier des charges. Mais il maintient la fixation du jour de l'adjudication par le tribunal, et pour arriver à cette fixation, il prescrit une sommation préalable au débiteur et aux créanciers inscrits, conformément aux art. 691, 692 et 695 du Code de procédure.

Les délais et les frais nécessités par l'accomplissement de ces formalités sont-ils conformes à l'esprit du décret ? Toutes ses dispositions tendent à assurer aux Sociétés le recouvrement rapide de leurs prêts ; c'est ainsi qu'il est défendu aux juges de surseoir à l'exécution des poursuites, on a craint qu'ils n'accordassent des délais qui pourraient être préjudiciables aux intérêts des Sociétés. Donner aux tribunaux le droit de fixer le jour de la vente, n'est-ce pas donner indirectement ouverture au délai de grâce ? Ils pourront éloigner le

jour de l'adjudication, espérant que, dans l'intervalle, le débiteur pourra se libérer. Les créanciers
inscrits et le saisi recevront deux sommations successives, l'une après la transcription du commandement et l'autre après la première apposition
d'affiches (art. 38, § 7 du décret); tandis que la
loi de 1841 n'en prescrit qu'une qui suffit pour
mettre les parties en demeure de fournir leurs dires
et observations. A quoi bon retrancher la publication de l'enchère à l'audience, si l'on maintient la
fixation du jour de l'adjudication par le tribunal,
puisque ces deux formalités peuvent être remplies
en même temps et qu'une seule occasionne les
mêmes frais !

L'immeuble étant vendu, comment la Société
touchera-t-elle de l'acquéreur le montant de sa
créance ?

Dans l'enquête sur le crédit foncier, à laquelle
il a été procédé par le Conseil d'État en 1850, la
commission appela devant elle des économistes, des
financiers, des administrateurs, des jurisconsultes,
cherchant à s'entourer de toutes les lumières qui
pouvaient l'éclairer. Plusieurs orateurs, MM. Vernes
et Gauthier, sous-gouverneurs de la banque de
France, M. Lanjuinais, ancien ministre, et M. Thomas, président de la chambre des notaires de Paris,
signalèrent l'ordre comme une procédure compliquée, interminable. « Mais c'est surtout l'ordre,
disait M. Thomas, qu'il faut simplifier. L'ordre

réclame une réforme plus impérieuse encore que l'expropriation. C'est sur la distribution beaucoup plus encore que sur la réalisation du gage que porte la difficulté. . . . . L'ordre est d'une lenteur désespérante ; il est regrettable que, quand il y a un prix tout prêt à leur être remis, les créanciers soient obligés d'attendre si longtemps sa distribution. La vente peut, dit-on, s'accomplir en quelques semaines ; en fait, il faut plusieurs années pour un ordre avec des frais ruineux. »

Lors de la création des Sociétés de crédit foncier, le Gouvernement comprit combien les lenteurs et les frais dans les distributions de prix d'immeubles étaient préjudiciables ; mais au lieu d'améliorer la loi actuelle dans l'intérêt de tous les créanciers, il introduisit, dans le décret du 28 février 1852, une disposition qui, pour favoriser ces Sociétés, aggrava encore la situation des créanciers : « Art. 38. Dans la huitaine de la vente, l'acquéreur est tenu d'acquitter, à titre de provision, dans la caisse de la Société, le montant des annuités dues. Après les délais de surenchère, le surplus du prix doit être versé à ladite caisse, jusqu'à concurrence de ce qui lui est dû, nonobstant toutes oppositions, contestations et inscriptions des créanciers de l'emprunteur, sauf néanmoins leur action en répétition, si la Société avait été indûment payée à leur préjudice. » Ainsi l'acquéreur doit, avant l'ouverture de l'ordre, payer à la Société le montant de sa créance, même quand cette créance est l'objet d'une contestation.

Il faut le reconnaître, toute créance d'une Société de crédit foncier n'est pas plus que celle de tout prêteur à l'abri des contestations : il peut s'être glissé une nullité dans l'inscription, ou une erreur dans l'accomplissement des formalités de la purge, etc. Pour déterminer les sommes à payer par l'acquéreur à la Société, l'intervention du juge sera nécessaire ; cette intervention occasionnera des frais qui seront prélevés sur le montant du prix d'adjudication. Si plus tard, les résultats de l'ordre établissent que la Société a touché une somme qui ne lui était pas due, les créanciers auront bien contre elle l'action en répétition. Mais leur tiendra-t-elle compte des intérêts à partir du jour du paiement? Dans quelle forme et devant quel tribunal cette demande devra-t-elle être formée? Le décret n'en fait pas mention. Il transforme leur action hypothécaire, reposant sur l'immeuble, en une action personnelle contre la Société. Cette transformation ne serait pas sans conséquence funeste, si l'une des Sociétés de crédit foncier venait à péricliter. Il est vrai qu'on est rassuré contre une pareille éventualité, quand on considère les bases sur lesquelles ces Sociétés sont établies, la nature de leurs opérations et le contrôle sérieux auquel leurs actes sont soumis.

En dehors de ces considérations, il en est

encore une qui fait repousser l'art. 38, c'est qu'il crée en faveur des Sociétés une position exceptionnelle que rien ne justifie, et qui consacre une inégalité choquante entre les prêteurs. Pour établir l'unité dans la loi, il faudrait donner le même droit à tout créancier, prétendant que la nature de son privilége, ou la date de son hypothèque, lui assure le premier rang ; mais alors disparaîtrait l'économie de la loi sur la procédure d'ordre qui consiste à déterminer simultanément le rang et la quotité de chaque créance.

Par le décret du 6 juillet 1854, la Société du crédit foncier de France, dont le privilége s'étend au territoire entier de l'Empire, à l'exception des six départemens où il existe deux Sociétés particulières, a été autorisée à affecter à des prêts hypothécaires, à court terme et sans amortissement, les capitaux qui proviendront de la réalisation de son fonds social et de ses bénéfices. Cette innovation doit donner une extension très grande aux opérations de la Société. Mais pour ne pas créer une concurrence à des conditions inégales pour les capitaux privés, les prêts hypothécaires, à courte échéance, ne sont pas appelés à jouir pour la purge, le séquestre et l'expropriation du gage, des priviléges que le décret du 28 février 1852 a accordés seulement aux prêts remboursables par annuités (1);

____

(1) Voir le rapport de M. BINEAU, ministre des finances, *Moniteur* du 7 juillet 1854.

ils restent soumis au droit commun. Ce droit peut recevoir des modifications importantes; nous avons cherché à les indiquer dans la mesure de nos forces. Puissent de plus habiles compléter nos vues d'amélioration et les réaliser; il en résultera, nous le disons avec une conviction profonde, des bienfaits immenses et pour les propriétaires et pour les prêteurs, qu'ils soient personnes privées ou sociétés.

FIN DE LA SECONDE ET DERNIÈRE PARTIE.

TABLE DES MATIÈRES

DE LA

SECONDE PARTIE.

TABLE.

FIN DE LA TABLE DE LA SECONDE PARTIE.

PARIS. — IMPRIMERIE FÉLIX MALTESTE ET Cie,
rue des Deux-Portes-Saint-Sauveur, 22.

PARIS.— Imprimerie FÉLIX MALTESTE et C.ie, rue des Deux-Portes-Saint-Sauveur, 22.